Doris Iding

Gelassenheit
ON THE GO

Kleine Entspannungen für unterwegs

WINDPFERD

Dieses Buch ist eine gekürzte Version von
Barfuß Schritt für Schritt © 2013

3. Auflage 2017
Windpferd Pocket ON THE GO
© 2016 Windpferd Verlagsgesellschaft mbH, Oberstdorf
Alle Rechte vorbehalten.
Cover-Idee & Design: Unser Dank geht an Hazel Bercholz
Cover: Andrea Barth, Guter Punkt GmbH & Co. KG, München
Satz und Layout: Marx Grafik & ArtWork
Gesetzt aus der Adobe Text
Druck und Bindung: C. H. Beck, Nördlingen

MIX
Papier aus verantwor-
tungsvollen Quellen
FSC® C019821
FSC
www.fsc.org

Printed in Germany
ISBN 978-3-86410-119-9
www.windpferd.de

INHALT

EINLEITUNG

Abschalten – das Handy, die E-Mails, die vielen Gedanken. Einfach mal aussteigen. Barfuß Schritt für Schritt gehen. Gelassen sein. Das wünschen sich die meisten Menschen, um dem Druck des beschleunigten Alltags zu entkommen. Die Gesellschaft aber fordert immer noch mehr Leistung und noch mehr Wachstum. Aber der Einzelne kann längst nicht mehr.

Wir alle sehnen uns nach mehr Muße und dem Gefühl, das Tempo selbst bestimmen zu können. Doch wie geht das – runterschalten, langsamer leben und wach und bewusst durch das Leben gehen? Wie ist es möglich, entspannt und gelassen zu bleiben wie ein Buddha – im normalen Alltag, in einer stressigen Zeit, einer schwierigen Situation oder einer problematischen Lebensphase? Wie kann eine Kehrtwende – weg von der Hektik hin zur Gelassenheit – aussehen, ohne dass wir den Boden unter den Füßen verlieren, aussteigen oder in ein Kloster fliehen müssen? Lässt sich vielleicht durch das Einschlagen eines neuen Weges mit mehr Freude nachhaltig Neuland erobern?

Ja, es ist möglich! Dieses Buch zeigt Ihnen, wie Sie mit Hilfe leichter Übungen und kurzer Meditationen Stress reduzieren, Ihr Wohlbefinden fördern und zu mehr innerer Gelassenheit und tieferem Frieden finden.

Es lohnt sich, barfuß Schritt für Schritt zu gehen und neue Wege zu bahnen! Es lohnt sich auch dranzubleiben, selbst dann, wenn Sie wieder von Hektik und Stress eingeholt werden. Übung macht den Meister. Oder um es mit einer Aussage Buddhas zu sagen: „Ganz gleich, wie beschwerlich das Gestern war. Du kannst heute von neuem beginnen." Ja, Sie können sogar jeden Moment, das heißt JETZT anfangen und einen Gang runterschalten. Schließlich bringt Sie jeder einzelne Schritt voller Freude, Vertrauen, Mut und Achtsamkeit weiter und führt Sie nach und nach ans Ziel.

Gehen Sie diesen Weg mit Leichtigkeit, Dankbarkeit und Körperbewusstsein. Gehen Sie ihn auch mit dem Wissen, dass jeder einzelne Schritt einzigartig und unwiederbringlich ist. Gehen Sie ihn so, als wären Sie ein Buddha: wach, gelassen und präsent im gegenwärtigen Moment verankert. Und gehen Sie jeden einzelnen Schritt so, als würden Sie in einem Königreich der Götter spazieren gehen!

Doris Iding

Tun Sie sich selbst etwas Gutes

Die innere Welt zu verbessern ist sinnvoll,
denn wir nehmen uns selbst immer mit.
– RICK HANSON –

Buddhistische Lehrer empfehlen uns, die Praxis der Achtsamkeit und Meditation so in den Alltag zu integrieren wie das Putzen der Zähne. Und das tun wir ja auch nicht nur ab und zu. Wie lange Sie die Übungen machen, ob 5, 10 oder 20 Minuten können Sie selbst entscheiden! Hauptsache, Sie tun es!

Sie können eine Übung eine ganze Woche lang praktizieren und so Übung für Übung das Buch durchgehen. Sie können aber auch zu Beginn einer jeden Woche, oder zu Beginn eines neuen Tages eine beliebige Seite aufschlagen und die Meditation machen. Wie Sie eine Übung aussuchen, ist egal! Hauptsache, Sie tun es regelmäßig! Denn: Eine wirklich tiefgreifende Veränderung in Ihrem Geist und infolgedessen in Ihrem Gehirn erzielen Sie nur dann, wenn Sie eine Übung, die für sich gesehen gar nicht so viel Zeit braucht, über einen längeren Zeitraum täglich praktizieren.

Um diese Übungen zu machen, brauchen Sie keine Vorkenntnisse. Sie müssen auch kein Buddhist sein. Alles, was Sie mitbringen sollten, sind täglich 5 bis 15 Minuten Zeit, ein offener und neugieriger Geist und der Wunsch, Ihrem Leben eine neue Richtung zu geben.

AUF BUDDHAS PFADEN WANDELN

Die buddhistische Psychologie macht uns offener,
freier dem Leben gegenüber
und gleichzeitig verwundbarer.
– JACK KORNFIELD –

Die Übungen dieses Buches basieren auf der buddhistischen Psychologie. Sie zeigt uns, wie wir das persönliche Leiden beenden und wahres Glück und heitere Gelassenheit in unser Leben dauerhaft einbringen können.

Durch verschiedene Aspekte der buddhistischen Psychologie, wie etwa Achtsamkeit, lernen Sie, störende Gedanken und Gefühle wahrzunehmen, sie zu benennen und ihnen mit weiteren Aspekten wie zum Beispiel Mitgefühl, Freude oder Dankbarkeit entgegenzuwirken und sie aufzulösen. Dadurch werden Sie nach und nach unabhängiger von äußeren Umständen und erhöhen Ihr inneres Wohlbefinden, erfahren Glück und finden inneren Frieden.

Dieser Ansatz wendet sich ähnlich wie die westliche Psychologie direkt den Problemen zu, anstatt sie zu ignorieren. Darüber noch hinausgehend macht er uns Mut, unsere Probleme anzunehmen, ja sie regelrecht aufzusuchen, um sie als eine Art der geistigen Schulung zu betrachten. Im übertragenen Sinne heißt dies, an die Orte zu gehen, die wir fürchten. Für den Dalai Lama sind Probleme sogar besonders gute Freunde, weil sie ihm – so wie gute Freunde es tun – einen Spiegel vorhalten und uns zeigen, wo wir gerade stehen.[1]

Die Vier Edlen Wahrheiten

Die Befreiung vom Leid und Hinwendung zum dauerhaften Glück spielt hier eine wesentliche Rolle. Mit diesem Leid ist jenes Leid gemeint, welches als die erste der Vier Edlen Wahrheiten bezeichnet wird. Diese Vier Edlen Wahrheiten bilden die Basis der buddhistischen Lehre, die von Buddha nach seiner Erleuchtung verfasst wurde. Vor seinem Erwachen war Buddha ein ganz normaler Mensch, der wie die meisten von uns versuchte, alles das, was er liebte und begehrte, zu halten und alles das, was er ablehnte, loszuwerden. Auf der Suche nach Erleuchtung war es ihm gelungen, seinen eigenen

Geist zu ergründen und die komplexen Zusammenhänge von körperlichem und seelischem Leid vollständig zu durchdringen. Er erkannte, warum Menschen leiden. Er fand aber auch einen Weg aus dem Leid. Die Essenz seiner alles transformierenden Erfahrung spiegelt sich in den sogenannten Vier Edlen Wahrheiten wider: „Es gibt Leiden. Es gibt eine Ursache des Leidens. Es gibt ein Ende des Leidens. Es gibt den Pfad zur Beendigung des Leidens. Diese Vier Edlen Wahrheiten lehren das Leiden und das Ende des Leidens."[2] Die ersten drei Wahrheiten erklären, wie Leid entsteht, und die vierte Wahrheit beschreibt den Weg aus dem Leid. Auch wenn diese bahnbrechende Erkenntnis Buddhas mehr als 2500 Jahre zurückliegt, hat sie bis zum heutigen Tag nicht an Gültigkeit verloren.

Die Erste Edle Wahrheit könnte man als Diagnose bezeichnen, und zwar dahingehend, dass es offensichtliches oder subtiles Leid gibt. Offensichtliches Leid erlebt jeder Mensch, wenn wir uns alleine fühlen, krank sind, etwas verlieren, was uns am Herzen liegt, älter werden und früher oder später damit konfrontiert werden, dass wir sterben werden. All diese Erfahrungen gehen einher mit schmerzlichen Gefühlen wie etwa Wut, Angst, Trauer, Hilflosigkeit, Verzweiflung, Sorge. Und meistens wünschen oder hoffen wir, dass wir von solch leidvollen Erfahrungen verschont bleiben. Wir leiden darunter, dass die Welt nicht so ist, wie wir sie uns wünschen, nämlich etwa frei von Tod, Krankheit, Einsamkeit, finanziellen Schwierigkeiten. Und wir sind frustriert, dass wir trotz spiritueller Praxis, trotz Übungen und Meditationen, trotz gesunder Lebensführung, trotz sozialem Engagement nicht verschont bleiben von Enttäuschungen, Problemen, Krisen und Schicksalsschlägen.

Mit dem subtilen Leid werden wir dann konfrontiert, wenn wir an Erfahrungen, Dingen oder Menschen festhalten. Jedes schöne Erlebnis birgt Leid in sich, weil es irgendwann vergehen wird. Jede Begegnung mit einem geliebten Menschen birgt ein hohes Potenzial an Leid, weil dieser Mensch uns irgendwann verlassen wird, sei es, weil er einem anderen Menschen begegnet, den er mehr liebt, sei es, weil er krank wird und stirbt. Diese Erfahrung kann kein Mensch umgehen, weil sie in der Natur des Lebens selbst liegt. Es wird als subtiles Leid bezeichnet. Es ist unterschwellig omnipräsent und beeinflusst uns solange, wie wir an Schönem festhalten.

Die Zweite Edle Wahrheit befasst sich mit der Ursache des Leidens. Betreiben wir eine entsprechende Ursachenanalyse, erkennen wir schnell, dass die Wurzel dafür in unserem eigenen Geist angesiedelt ist, weil wir die Vergänglichkeit ignorieren und uns dadurch in der hoffnungsvollen Vorstellung verstricken, dass alles so bleibt, wie es ist, oder wir von der Sorge getrieben werden, dass es sich ändern wird. Eine weitere Ursache für unser Leid ist, dass wir frustriert, ärgerlich, enttäuscht oder wütend sind, weil wir nicht bekommen, was wir uns wünschen. Oder aber wir sind verletzt, beleidigt, mutlos, verzweifelt, hoffnungslos oder ernüchtert, wenn wir etwas bekommen, was wir nicht haben wollen. Zwischen diesen beiden Polen – Anhaftung und Abneigung – verläuft unser Leben und dementsprechend sind wir permanent damit beschäftigt, zu sichern, zu kämpfen, zu fürchten, zu bewachen, zu manipulieren.

Die Dritte Edle Wahrheit erklärt, dass wir das Leiden beenden können, sobald wir Ursache und Wirkung erkennen. Nur so können wir unseren anhaltenden Kampf gegen Anhaftung und Abneigung beenden.

Die Vierte Edle Wahrheit beschreibt letztendlich den Weg aus dem Leid.

Die Vier Edlen Wahrheiten stellen eine alltagstaugliche Methode dar, die den Geist beruhigt und das Herz öffnen kann. Ihr Ziel ist es, einen gleichermaßen intelligenten und praktikablen Weg zu finden, um die Probleme besser zu bewältigen, die ein „normales" Leben mit Liebesbeziehungen, pubertierenden Kindern, einem cholerischen Chef, Verlust und Findung von Arbeit sowie einer angemessenen Work-Life-Balance mit sich bringt.

Es gibt bei der buddhistischen Psychologie keinen Unterschied gibt zwischen spirituellen und weltlichen Problemen oder Krisen. Fragen etwa nach einem Leben nach dem Tod, Probleme bei der Meditationspraxis oder bei Übungen, Schwierigkeiten in der Ehe, finanzielle Schwierigkeiten, Probleme am Arbeitsplatz, Ängste, Traumata und Krankheiten – sie sind allesamt in ihrer Verschiedenheit nichts anderes als Ausdruck des menschlichen Leidens, das man mit den zahlreichen Methoden, die die buddhistische Psychologie zur Verfügung stellt, beleuchten und bewältigen kann.

Es geht *immer* um die Praxis. Sie ist darauf angelegt, dass wir uns nach Möglichkeit tagtäglich, ja noch besser von Moment zu Moment in ihren verschiedenen Aspekten wie Achtsamkeit, Mitgefühl, Atembewusstsein, Geduld, Liebende Güte, Dankbarkeit u. a. üben. Und zwar gleichermaßen in wichtigen als auch in nebensächlichen Situationen. Auf dem Meditationskissen und im geschützten Raum einer Therapie genauso wie beim Suchen nach einem Parkplatz oder bei der Erledigung der Steuererklärung.

Aufbau des Buches

Bei den Übungen dieses Buches stehen genau diese Aspekte wie Achtsamkeit, Mitgefühl, Dankbarkeit etc. im Vordergrund. Zu jedem Thema finden Sie vier verschiedene Übungen, die Sie spielerisch in Ihren Alltag integrieren können. Jede einzelne Übung stellt quasi eine Art inneres Training dar, dass Sie darin unterstützt, gelassener auf die Herausforderungen des Lebens zu reagieren. Der Wandel, der dadurch erzielt wird, geschieht durch die Art und Weise, wie Sie durch die Übungen und Meditationen Ihr eigenes Denken und Handeln verändern. So richten Sie Ihren Geist und damit einhergehend Ihre Gedanken und in Folge dessen Ihr Handeln immer wieder neu aus. Die Übungen helfen Ihnen dabei, achtsamer und gelassener zu werden und Ihrem Leben eine neue Richtung zu geben – weg vom Leid und hin zu mehr Wohlbefinden, mehr Gelassenheit.

ACHTSAMKEIT KULTIVIEREN

Achtsamkeit bedeutet,
ganz präsent
im Hier und Jetzt zu sein!
Achtsamkeit bedeutet,
offen zu sein.
Ohne Leistungsdruck.
Ohne Anspruch, es besonders gut machen zu müssen.
Achtsamkeit bedeutet, offen zu sein für alles!
– BUDDHA –

Die von Buddha und vielen buddhistischen
Lehrern wie dem Dalai Lama empfohlene Praxis der Achtsamkeit umfasst jeden Moment des
Lebens. Allerdings widerspricht dieser Ansatz
in vielem unserem heutigen Leben, in dem wir
meistens drei Dinge gleichzeitig tun. Selbst
beim Frühstück mit der Familie lesen wir Zeitung oder schreiben SMS oder lesen E-Mails.
In diesem Verhalten, bei dem unsere Aufmerksamkeit zerstreut ist, liegt nach modernen
Achtsamkeitslehrern ein wesentlicher Grund
für unsere Unzufriedenheit mit dem Leben.
Der vietnamesische Mönch, Schriftsteller und

Lyriker Thich Nhat Hanh, der wie kein anderer zeitgenössischer Mönch vor ihm die buddhistische Achtsamkeitspraxis im Westen bekannt machte, betont immer wieder, dass nur eine regelmäßige Meditationspraxis und Schulung der Achtsamkeit im Alltag zu tiefer spiritueller Reife und innerem Frieden führen können.[3]

Für Buddha war die Praxis der Achtsamkeit von zentraler Bedeutung, denn er wusste bereits damals, dass wir nur mit Hilfe der Achtsamkeit das menschliche Leiden überwinden. Dieses entsteht laut Buddha deshalb – wie in den Vier Edlen Wahrheiten bereits beschrieben –, weil wir konstant mit dem Leben hadern: Wir wollen loswerden, was wir haben oder sind begierig auf das, was wir nicht bekommen können. Wir wünschen uns einen zärtlicheren Ehemann, eine attraktivere Partnerin, ein höheres Gehalt, weniger Stress, eine größere Wohnung, besseres Wetter, fröhlichere Nachbarn, intelligentere Politiker, freundlichere Bedienungen, frischere Brötchen, liebere Kinder, einsichtigere Chefs, aufmerksamere Mitarbeiter. Diese Liste ließe sich ins Unendliche fortsetzen.

Kaum ist nämlich ein Wunsch erfüllt oder ein Ziel erreicht, haben wir bereits etwas anderes im Auge, was wir scheinbar brauchen, um glücklicher, entspannter, zuversichtlicher oder fröhlicher zu sein. Oder aber wir sind damit beschäftigt, was wir nicht haben wollen. Eine Grippe, eine Entlassung, schlechte Augen, Zahnschmerzen, einen Konkurs, angeschimmeltes Obst, einen schnarchenden Ehemann, eine hinterhältige Schwiegermutter oder eine Trennung von unserem Geschäftspartner.

Zum Glück hilft die Achtsamkeit uns dabei, Schritt für Schritt einen Weg aus dem Dilemma der Anhaftung und Ablehnung zu finden. „Achtsamkeit verfeinert unsere Aufmerksamkeit", so die Meditationslehrerin Sharon Salzberg, „sodass wir ganz und gar direkt auf all das eingehen können, was uns das Leben bringt." Achtsamkeit ist somit eine geistige Ausrichtung. Sie ist aber auch ein praktischer Wegweiser und ein Lebensprinzip gleichermaßen. Sie hilft uns, entspannt und gelassen wie ein Buddha zu werden. Sie ist eine besondere Kraft, die unser Bewusstsein öffnet, es erweitert und stärkt. Sie unterstützt uns darin, ganz präsent im gegenwärtigen Moment zu sein und unsere eigenen Gefühle, Gedanken, Körperempfindungen, Befindlichkeiten sowie unsere Automatismen im Alltag zu erkennen und zu verändern.[4] Achtsam zu sein bedeutet, dem, was gerade im Moment stattfindet, wertfrei zu begegnen. Achtsamkeit entspannt uns, lässt und gelassener mit den Herausforderungen des Alltags umgehen und öffnet uns die Augen für die vielen Wunder des Lebens.

Achtsamkeit hilft uns, das, was uns gerade passiert, wertfrei zu beobachten, ohne uns darin zu verfangen. Sie ist der Schlüssel, der uns hilft, tiefer gehende Einsichten zu gewinnen über unsere eigenen Körperempfindungen, unsere Gefühle und unsere Gedanken. Achtsamkeit hilft uns dabei, mehr über unsere Sicht auf uns selbst, andere Menschen und die Welt zu erkennen und zu verstehen. Sie hilft uns entspannter zu werden und gelassener auf das zu reagieren, was das Leben mit sich bringt.

Achtsamkeit kann unser ganzes Leben verändern und es in Folge nachweislich verbessern. Indem Sie Ihren Fokus weg vom Multitasking hin zur Achtsamkeit lenken, entsteht wieder eine bessere Konzentration, körperliches und seelisches Wohlbefinden sowie eine vertraute Lebensfreude und Gelassenheit. All dies sind umfassende Wirkungen auf unseren Körper und Geist.

Übrigens: Es gibt nur einen einzigen vollkommenen Moment, um mit der Achtsamkeit zu beginnen. Der ist genau jetzt! Diesen einen Moment auszuschöpfen, jeden einzelnen Augenblick als einzigartig wahrzunehmen, darum geht es bei der Praxis der Achtsamkeit.

Achtsam Schritt für Schritt gehen

Achtsam zu sein, bedeutet, wach zu sein.
Es bedeutet, zu wissen, was wir tun.
– Jon Kabat-Zinn –

ÜBUNG: Ziehen Sie Ihre Sieben-Meilen-Stiefel aus! Sowohl im übertragenen Sinne als auch faktisch. Folgen Sie der Weisheit, die lautet: „Wenn du es eilig hast, mache einen Umweg." Stellen Sie sich dabei vor, dass Sie barfuß Schritt für Schritt gehen und den Untergrund, auf dem Sie gehen, ganz bewusst wahrnehmen und spüren können. Nehmen Sie ganz bewusst den Untergrund unter Ihren Füßen wahr. Ist er weich, hart, angenehm oder unangenehm? Ist er kalt oder warm? Erleben Sie jeden einzelnen Schritt als etwas Kostbares. Bleiben Sie mit Ihrer ganzen Aufmerksamkeit bei dieser Erfahrung. Seien Sie neugierig und beobachten Sie wertfrei, was geschieht, wenn Sie Schritt für Schritt gehen. Nehmen Sie sich für diese Übung 5 Minuten Zeit oder wählen Sie eine Strecke wie zum Beispiel den Weg vom Schlafzimmer ins Bad oder vom Auto ins Büro. Setzen Sie Ihren Fuß ganz bewusst und behutsam auf der Erde ab und heben Sie ihn auch wieder vom Boden. Nehmen Sie wahr, wie Sie über das achtsame Gehen Ihren Körper von innen heraus wahrnehmen.

Meistens gehen wir zu schnell. Wir hasten durch unseren Alltag, meist auch durch unser Leben. Wir hetzen von einem Termin zum nächsten und fühlen uns permanent gestresst. An Tagen, an denen unser Terminkalender besonders voll ist, laufen wir automatisch schneller und werden in Folge dementsprechend unachtsamer. Passen wir an solchen Tagen nicht auf, eilen wir sogar auch dann noch, wenn wir bereits alles erledigt haben. Eine solche Gangart tut niemandem gut. Früher oder später hat sie negative Auswirkungen auf den Körper. Durch andauernde Eile wird das gesamtes Stressreaktionssystem aktiviert, dass ursprünglich dafür angelegt war, vor Gefahren wie hungrigen Löwen wegzulaufen. Stress und Eile versetzen das Gehirn konstant in Alarmbereitschaft, es sucht den Horizont nach Gefahren ab und reagiert oft vollkommen übertrieben.

Durch das schnelle Gehen verpassen wir die Schönheit des Lebens und der Erde. Dabei ist sie viel zu bunt, viel zu schön und viel zu abwechslungsreich und voller malerischer Orte: Alleen mit knorrigen Bäumen, Vorgärten mit blühenden Blumen, historische Straßenzüge, malerische kleine Pfade, traumhafte Landschaften und beeindruckende Architektur warten überall auf offene Augen. Gehen Sie lieber achtsam Schritt für Schritt. Dann werden Sie die zahlreichen Wunder im Leben wieder wahrnehmen. Durch das achtsame Gehen werden Sie darüber hinaus auf ganzer Linie wieder wacher. Achtsames Gehen bringt Sie in den gegenwärtigen Moment zurück. Sie können die oft so überflüssigen sorgenvollen Gedanken hinter sich lassen und Schritt für Schritt, Atemzug für Atemzug im Hier und Jetzt gehen.

Sie können jetzt gleich mit dieser Übung beginnen und Sie überall praktizieren. Auf dem Weg ins Badezimmer oder ins Büro, zur U-Bahn oder zum Zug, überallhin können Sie ganz achtsam Schritt für Schritt gehen. Und dabei können Sie ganz langsam und bewusst den Boden unter den Füßen erspüren, ja sogar durch die Fußsohlen erfühlen. Egal, ob es sich dabei um Asphalt, Kiesel oder den Waldboden handelt. Jeder Mensch kann lernen, sich vom Verstand nicht in die Zukunft oder in die Vergangenheit ziehenzulassen, sondern verankert im Körper und mit ihm Schritt für Schritt zu gehen.

Tipp: Gehen, ohne anzukommen

Wenn Sie die Praxis des achtsamen Gehens ausweiten möchten, probieren Sie doch einmal die Gehmeditation im traditionellen buddhistischen Stil. Suchen Sie sich dafür eine Wegstrecke, auf der Sie absichtslos gehen. Gehen Sie zehn Schritte in Ihrem Wohnzimmer oder 30 Schritte in einem Park auf und ab – ohne ein Ziel zu verfolgen. Sie haben hier nicht die Absicht, einen bestimmten Ort zu einer bestimmten Zeit oder innerhalb einer vorgegebenen Zeitspanne zu erreichen. Das achtsame Gehen selbst ist entscheidend! Es ist das Ziel, nicht Mittel zum Zweck.

Achtsam Schluck für Schluck trinken

Achtsamkeit strebt nichts an.
Sie sieht einfach, was bereits da ist.
– MAHATHERA GUNARANTANA –

ÜBUNG: **B**leiben Sie mit allen Sinnen bei der Erfahrung, während Sie etwas Schluck für Schluck trinken. Was Sie trinken, ist egal, denn es geht nicht um das WAS, sondern um das WIE. Durch Achtsamkeit wird Trinken zu einem Akt der Heilung, denn die Inhaltsstoffe werden nachweislich besser aufgenommen. Das Gleiche gilt natürlich auch für das Essen. Versuchen Sie, so bewusst wie möglich mit allen Sinnen da zu sein, wenn Sie eine Mahlzeit zu sich nehmen. Wie nehmen Sie die Farben wahr? Was riechen Sie? Wie viele verschiedene Geschmacksnuancen können Sie wahrnehmen? Was passiert, wenn Sie jeden Bissen zehnmal kauen?! Sind Sie sich bewusst, wie viele Menschen daran beteiligt sind, dass Sie etwas zu essen haben?! Achtsam zu trinken und zu essen macht das Leben reicher!

Wenn Sie achtsam Ihren Cappuccino oder Tee genießen, erleben Sie, wie viel sich durch einen solchen bewussten Akt des Schluck-für-Schluck-Trinkens verändert. Sie entspannen sich, sammeln sich und kommen wieder zur Ruhe. Selbst dann, wenn Sie sich nur fünf Minuten dafür gönnen. Nehmen Sie sich immer wieder Zeit dafür, Ihren Tee, Kaffee oder ein Glas Wasser in Ruhe zu trinken. Wie fühlt es sich an, wenn die Flüssigkeit Ihre Lippen mit Feuchtigkeit benetzt? Was passiert mit Ihren Sinnen, wenn Sich das Bouquet von einem Glas Wein auf Ihrer Zunge entfaltet? Welche Gefühle nehmen Sie wahr, wenn Sie ein köstliches Glas Tee trinken? Überkommt Sie dabei auch ein Gefühl von Dankbarkeit in dem Bewusstsein, was für ein Geschenk es eigentlich ist, ein solches Getränk zu sich nehmen zu können?

Die Achtsamkeit macht Sie auch darauf aufmerksam, wann Ihr Körper Flüssigkeit braucht. Das natürliche Gespür für Durst ist Ihnen wahrscheinlich wie den meisten Menschen abhandengekommen, weil Sie vor lauter Geschäftigkeit nicht mehr darauf achten, wann Ihr Körper Flüssigkeit braucht. Erst wenn Sie vielleicht Kopfschmerzen bekommen, erinnern Sie sich möglicherweise daran, dass Sie zu wenig getrunken haben. Spätestens dann wird es Zeit, achtsam Schluck für Schluck Ihren Durst mit einem köstlichen Getränk zu löschen!

Achtsamer Umgang mit Worten

Mögen deine Worte passend und mäßig sein,
klar und angenehm,
in leisem und ruhigem Tonfall gesprochen,
und mögen sie weder Hass
noch Begierde zum Ausdruck bringen.
– Shantideva –

ÜBUNG: Worte können heilen, verletzen oder berühren. Je nachdem, wie wir sie einsetzen. Seien Sie sich dessen bewusst. Achten Sie darauf, wie Sie sprechen. Vermeiden Sie nach Möglichkeit heute verletzende oder beleidigende Worte. Sprechen Sie nach Möglichkeit in einer Art und Weise, die wohlwollend, klar, konstruktiv und friedlich ist. Wenn Sie jemanden kritisieren, dann vermeiden Sie Worte wie „immer" und „nie". Achten Sie darauf, wie Ihre Umwelt eine solch achtsame Art des Sprechens aufnimmt.

Buddha wusste, dass wir mit unseren Worten gleichermaßen Leid wie Freude bewirken können. Die Achtsamkeit zeigt Ihnen, *wie* Sie sprechen und *was* Sie mit Ihrer Sprache bei anderen Menschen bewirken. Laut Buddha kann man Sprache heilvoll und unheilvoll einsetzen. Lüge und Geschwätz etwa sind unheilvoll. Gleiches gilt, wenn wir harsche, verletzende oder entzweiende Worte zum anderen sagen. Im Sinne Buddhas ist eine solche Sprache heilsam, die wertschätzend, klar und wohlwollend ist, Frieden und Freude schafft. Dies ist nicht immer einfach, mit Hilfe der Achtsamkeit jedoch durchaus möglich. Wenn Sie vollkommene Verantwortung für Ihr Reden übernehmen, werden Sie in Zukunft entsprechend achtsamer beim Sprechen sowie beim Zuhören werden. Dadurch verändert sich die Qualität Ihrer Sprache, Ihrer Wahrnehmung und Ihrer Beziehung zu anderen Menschen ins Positive.

Manchmal ist es aber auch sinnvoller zu schweigen! Aber auch Schweigen beinhaltet verschiedene Qualitäten. Diese müssen wir uns genauso wie einen achtsamen Umgang mit Worten erst einmal erobern. Folgende Ge schichte kann für Sie vielleicht zu einem Anker für den Einsatz von heilsamer Sprache werden oder Ihnen einen Hinweis darauf geben, wann es besser ist zu schweigen.

Die drei Siebe

Aufgeregt kam Sammy zu seinem Guru: „Höre, Guruji. Ich muss dir unbedingt etwas erzählen. Dein Schüler Chris ..." „Warte einen Moment!", unterbrach ihn der Guru, wohlwissend, dass Sammy seinen Schüler Chris ablehnte. „Hast du das, was du mir erzählen möchtest, durch die drei Siebe laufen lassen?" „Drei Siebe?", fragte Sammy voller Verwunderung. „Ja, drei Siebe. Lass uns doch gemeinsam überprüfen, wie das, was du mir erzählen möchtest, durch die drei Siebe hindurchgeht. Das erste Sieb ist die Wahrheit. Hast du alles, was du mir erzählen willst, dahingehend überprüft, ob es auch wirklich wahr ist?" „Nein", antwortete der Schüler. „Ich habe es auch nicht direkt von Chris gehört, sondern nu0die Geschichte mit dem zweiten Sieb geprüft, dem Sieb der Güte. Ist das, was du mir erzählen möchtest, wenn schon nicht als wahr erwiesen, wenigstens gut und heilvoll?" Zögernd antwortete der Schüler: „Nein, es ist genau das Gegenteil." „Dann lass uns schauen, wie deine Geschichte durch das dritte Sieb geht. Ist es notwendig, mir das zu erzählen, was dich so erregt?" „Na ja", sagte der Schüler, mittlerweile im reumütigen Ton. „Notwendig ist es nun auch nicht wirklich." „Also", sagte der Guru, „wenn es weder wahr ist, noch heilvoll und auch nicht notwendig, dann verschone mich bitte mit deiner Geschichte und vergiss sie."[5]

Achtsam den Blick weiten

*Jeder Moment von Achtsamkeit
ist eine Bekräftigung für das Leben.
Jeder Moment von Achtsamkeit zählt.*
– JACK KORNFIELD –

ÜBUNG: Richten Sie im Verlauf des Tages Ihr Gewahrsein weg von den einzelnen Gegenständen wie dem PC oder dem Gesprächspartner hin zu dem Raum um die Objekte. Weiten Sie beim Blick in den Spiegel Ihren Blick weg vom Kopf, hin zum Raum, der den Kopf umgibt. Betrachten Sie diesen Raum, als würden Sie durch eine Kamera mit Weitwinkelobjektiv schauen.

Normalerweise richten wir unsere Aufmerksamkeit auf die Objekte in unserer unmittelbaren Umgebung, wie zum Beispiel auf das Smartphone, das vor uns auf dem Tisch liegt, oder auf den PC, auf den wir schauen, auf den Teller, der vor uns steht, oder auf das Auto vor uns, wenn wir im Stau stehen. Dadurch entgeht uns das Umfeld. Es bedarf einer gewissen Übung, unseren Blick zu weiten auf den Raum um all die Dinge, die das Objekt unserer Achtsamkeit umgeben, sei es in einem Zimmer oder in der Natur.

Öffnen wir uns bewusst für dieses Umfeld, dann lernen wir, dass der Raum, den das Objekt umgibt, genauso wichtig ist wie die Objekte in dem Raum. Lassen wir diesen Raum zu, entsteht nicht nur Weite in unserer Wahrnehmung, sondern auch in unserem Geist.

In dem Moment, in dem Sie auch im übertragenen Sinne den Blick weiten können, werden Sie erkennen, dass Sie nicht alleine sind, sondern sich in einem riesigen Universum befinden, in dem alles mit allem verbunden ist.[6] Ein solcher Blick auf die Verbundenheit mit allen Menschen, mit allen Wesen und mit dem ganzen Universum ist ein wichtiger Aspekt in der buddhistischen Psychologie, weil es Rückhalt und Trost eröffnen kann, wenn Sie sich der Interdependenz von allem bewusst sind – auch von Handeln, Denken und Fühlen.

Tipp: Den eigenen Geist weit werden lassen
Sie können Ihren Blick auch im übertragenen Sinne weiten und Ihren Geist weit werden las-

sen. Versuchen Sie, Ihre Gedanken einmal loszulassen und sich des Geistesgrundes gewahr zu werden, der hinter den Gedanken ist. Stellen Sie sich vor, dass es um jeden einzelnen Gedanken einen Raum gibt. Versuchen Sie, sich bewusst zu machen, dass Ihre Gedanken nicht mehr sind als Gedanken, die in einem weiten Raum Ihres Geistes schweben. Lassen Sie Ihren eigenen Geist so weit werden wie den Himmel.

Sie können Ihren Geist auch auf die Verbundenheit mit allen und allem ausweiten. Wie heilvoll dies ist, weiß auch der Dalai Lama und wird nicht müde, diesen Aspekt zu betonen: „Das Verständnis der wechselseitigen Verbundenheit der Wesen und Erscheinungen fördert Frieden und Gewaltlosigkeit sowohl in den Menschen als auch in der Außenwelt. Die wechselseitige Verbundenheit ist eines der grundlegenden Prinzipien der buddhistischen Lehre."[7] Kultivieren Sie dieses Bewusstsein, dann werden Sie auch achtsamer im Umgang mit den Ressourcen. Dann haben Sie auch im Bewusstsein, dass nach Ihnen weitere Generationen hier auf diesem Planeten leben wollen.

DEN ATEM ERFORSCHEN

„... Atem fürwahr ist noch wichtiger als Hoffnung;
denn wie die Speichen eines Rades eingefügt sind in die
Nabe, so ist in den lebendigen Atem alles eingefügt.
Das Leben geht vonstatten durch den Atem;
der Atem gibt das Leben, gibt es, um zu leben."
– UPANISHADEN –

Der Atem ist wie ein Seismograph und Anker gleichermaßen. Er hilft uns, unsere Wahrnehmung dafür zu schärfen, wann unsere Gedanken herumwandern, wann wir unruhig sind, wann wir uns langweilen, uns freuen, überglücklich, traurig oder ängstlich sind. Bereits eine kurze Atemübung kann uns bewusst machen, wie es um uns steht. Die bewusste Arbeit mit dem Atem ist ein wichtiger Lehrer auf dem Weg zum besseren Selbstverständnis und zur Heilung von Körper, Seele und Geist. Durch den Atem können wir uns vollkommen über den Körper im gegenwärtigen Moment verankern. Er erdet uns im Hier und Jetzt. „Man kann weder ruckwirkend für einen Augenblick vor fünf Minuten noch vorauseilend für einen Augenblick in fünf Minuten Luft holen", erklärt Mark Williams, der wissenschaftliche Wegbereiter für Stressbewältigung durch Achtsamkeit. „Atmen kann man nur im Jetzt."[8]

Ein achtsamer Umgang mit unserer Atmung unterstützt uns auf allen Ebenen und ist maßgeblich daran beteiligt, dass wir entspannter sind und gelassen werden, wie ein Buddha. Unser Körper profitiert auf folgende Weise positiv von der Atmung: Er wird mit ausreichend Sauerstoff versorgt. Dadurch verbessert sich der Stoffwechsel. Stoffwechselreste, insbesondere das Abfallprodukt der Atmung, Kohlendioxid, sowie andere Schadstoffe werden besser ausgeschieden. Bewusste Atmung, wie sie bei der Meditation oder bei Atemübungen praktiziert wird, versorgt unseren Körper besser mit Sauerstoff. Asthmapatienten erfahren dadurch eine deutliche Linderung der Symptome. Studien zeigen, dass Menschen, die meditieren, zu 73 % seltener unter Atemwegserkrankungen leiden. Die Körperhaltung verbessert sich nachhaltig, das Herz-Kreislauf-System wird reguliert, die Nerven gestärkt und die Vitalität verbessert.

Die Bauchorgane werden durch bewusste Atmung massiert und die Verdauung reguliert.

Buddha nutzte die heilende Wirkung des Atems auf allen Ebenen und schenkte dem Atem und insbesondere dem Aspekt der Atembeobachtung und -regulierung viel Aufmerksamkeit. Das achtsame Beobachten des Atems wird hier als Schlüssel betrachtet, um den Körper wahrzunehmen und die Achtsamkeitspraxis zu beginnen.

Die bewusste Wahrnehmung des Atems hilft uns auch, unsere Gedanken besser zu erforschen und unsere Gefühle wahrzunehmen. Auch hier belegen Studien Erfolge und zeigen auf, dass Menschen, die meditieren und ihre Atmung bewusst miteinbeziehen, zu 87 % weniger an psychischen Krankheitsbildern wie Angststörungen oder Depressionen leiden. Sie reagieren entspannter und gelassener auf die Herausforderungen des Alltags und können so manches mit viel mehr Abstand betrachten und nicht alles immer gleich persönlich nehmen. Das hängt damit zusammen, dass wir in Stress-Situationen nicht mehr so schnell in die flache Panikatmung im oberen Brustbereich verfallen. Auf diese Weise entwickeln wir etwas mehr Abstand zu unseren Körperempfindungen. Angstpatienten können ihre Attacken durch die bewusste Beobachtung ihrer selbst und durch die richtige Atmung verringern und nach und nach ihren Ängsten gegenüber mehr Gelassenheit entwickeln.

Im Atem ankommen

Man übt sich darin:
Indem ich die Vergänglichkeit betrachte,
atme ich ein.
Indem ich die Vergänglichkeit betrachte,
atme ich aus.
– ÂNÂPÂNASATI-SUTRA –

ÜBUNG: **A**tmen Sie jedes Mal, wenn Sie an eine rote Ampel kommen, ganz bewusst drei Mal tief ein und aus. Entspannen Sie dabei in den Ausatem. Stellen Sie sich vor, dass Sie allen Stress, den Sie mit sich herumtragen, über den Ausatem loslassen. Verinnerlichen Sie diese Übung und machen Sie auch an anderen Orten, an denen Sie warten müssen, drei tiefe Atemzüge: vor der Espressomaschine, an der Kasse im Supermarkt, an der Bushaltestelle oder im Stau. Überall dort, wo das Leben Ihnen gerade diese Momente schenkt, um tief durchzuatmen.

Eine Atemübung wie die Ampelübung klingt im ersten Moment trivial, aber sie hat wundervolle Wirkung, weil sie zu mehr Gelassenheit führt!

Drei tiefe Atemzüge können Ihr Leben retten. Sie können an einem Tag, an dem Sie total gestresst sind, dafür sorgen, dass Sie innehalten und sich wieder in Ihrem Körper verankern. Sie können der Auslöser dafür sein, dass Sie sich wieder spüren, Körper und Geist wieder in Balance kommen und achtsam werden. Anders ausgedrückt können sie auch verhindern, dass Sie gedankenlos über eine rote Ampel gehen und schlimmstenfalls von einem Auto angefahren werden.

Achtsam Atemzug für Atemzug das Hier und Jetzt erfahren, sorgt dafür, dass Sie auf allen Ebenen entspannen und gelassener werden. Dann bleiben Sie auch an einer roten Ampel ruhiger und in stressigen Situationen entspannter, als wenn Sie kurzatmig versuchen, alles schnell abzuwickeln. Tiefer und achtsamer Atem ermöglicht Ihnen, entspannt und gelassen zu werden wie ein Buddha.

Die eigene Mitte durch den Atem finden

Einem entspannten Körper folgt ein entspannter Atem.
Einem entspannten Atem folgt ein entspannter Geist.
– ANNA ELISABETH RÖCKER –

ÜBUNG: **S**etzen Sie sich aufrecht hin und nehmen Sie eine würdevolle Haltung ein. Nehmen Sie den Kontakt des Gesäßes mit der Unterlage wahr und machen Sie sich bewusst, dass die Erde Sie trägt. Richten Sie dann Ihre Aufmerksamkeit auf Ihren Atem. Die Hände ruhen locker auf den Oberschenkeln. Begleiten Sie den Atem mit einer sanften Bewegung Ihrer Hände: einatmend zeigen die Handflächen nach oben. Tief ausatmend drehen Sie sie nach unten. Üben Sie so einige Minuten.

Eine achtsame Atmung hat unweigerlich eine bewusste Entspannung zur Folge. Dadurch wird der parasympathische Teil Ihres vegetativen Nervensystems aktiviert und gestärkt. Das ist sozusagen der Gegenpol zum Sympathikus. Durch die Aktivierung des Parasympathikus kommt es wiederum zu einer besseren Blutversorgung im Gehirn und im Herzen. Die Muskeln entspannen, wodurch eine bessere Blutversorgung der inneren Organe und der Drüsen gewährleistet wird, was deren Arbeit erleichtert. Entspannung wirkt sich auch positiv auf die Verdauung aus, wodurch die Ausscheidungstätigkeit verbessert wird, weil Sie dann auf allen Ebenen loslassen.

Atmen Sie in Stresssituationen tief ein und aus, statt schnell und kurzatmig zu reagieren. So können Sie nicht nur dem Stress entgegenwirken, sondern Sie lernen, sich selbst zu beruhigen und das, was zu tun ist, in Ruhe durchzuführen. Damit vermeiden Sie, Fehler zu machen, die Sie später dazu zwingen, etwas vielleicht noch einmal neu zu machen oder zu verbessern.

Praktizieren Sie diese Übung ruhig regelmäßig. Die tägliche Fahrt zur Arbeit in der U-Bahn bietet sich genauso an wie ein paar Minuten in der Mittagspause. Sie werden merken, dass Sie alleine schon dadurch, dass Sie sich auf Ihre eigene Körpermitte konzentrieren, mehr emotionale Stabilität erlangen.

Sich über den Atem mit der Erde verwurzeln

*Der reine Atem aber
geht tief und schwer,
der unreine Atem
ist flach und sitzt in der Kehle.*
– Tschuang Tse –

ÜBUNG: Wenn Sie an der Kasse stehen, an der Bushaltestelle warten oder noch besser in der Natur sind, nehmen Sie über die Füße ganz bewusst die Verbindung zum Boden wahr. Machen Sie sich bewusst, dass Sie auf Mutter Erde, einem lebendigen Planeten stehen, der Sie mit Leben, Energie und Kraft versorgt. Atmen Sie die Kraft der Erde durch die Füße ein und atmen Sie achtsam verbrauchte Energie, Wut, Angst und Stress durch die Füße aus. Über die Atmung können Sie sich ganz bewusst mit der Kraft, Energie und auch mit der Weisheit der Erde verbinden.

Als Buddha nach der Erleuchtung suchte, verbrachte er einige Jahre nackt im Wald, so wie es damals unter den Mönchen üblich war. Während dieser Zeit lebte er im unmittelbaren Kontakt mit der Natur. Nichts trennte ihn davon. Während dieser Zeit wurde ihm die Verbundenheit mit allem immer unmittelbarer bewusst. Ebenso realisierte er, wie wichtig ein achtsamer und respektvoller Umgang mit *allen* Wesen der Erde ist. Auch zeitgenössische buddhistische Leitbilder wie der Dalai Lama ermahnen uns zu einem ökologischen Bewusstsein. Spiritualität findet für sie nicht nur auf dem Meditationskissen statt, sondern durch einen bewussten achtsamen Umgang mit der Natur. Kleine Atemübungen, wie das Einatmen der Kraft durch die Erde, können unsere Achtsamkeit weit werden lassen. Ein einziger achtsamer Atemzug kann dazu führen, dass wir die Erde unmittelbar erfahren.

Wie ist Ihr Bezug zur Natur? Sind Sie sich bewusst, dass alles voneinander abhängig ist und wir alle miteinander verbunden sind? Vielleicht befinden sich in Ihrer Nähe ein Park oder ein kleiner Wald, in die Sie ab und zu gehen können, um die Atemübung dort durchzuführen. Dabei werden Sie wahrscheinlich eine unmittelbarere Verbindung mit der Erde wahrnehmen können, als wenn Sie an einer Bushaltestelle mitten in der Stadt stehen.

Sollte Ihnen das Atmen in der Natur Freude bereiten, können Sie diese Übung noch etwas vertiefen. Vielleicht steht in Ihrer Umgebung ein Baum, zu dem Sie bereits eine enge Beziehung haben oder zu dem Sie eine solche aufbauen möchten. Probieren Sie aus, wie es ist, unter einem solchen Baum zu meditieren oder mit einem solchen Baum zu atmen.

Buddha selbst erlebte unter einem Baum die vollkommene Erleuchtung. Vielleicht finden auch Sie unter einem Baum tiefe Einsichten über die Verbindung zwischen allem. Eine solche Erfahrung führt in Folge zu einem ganz anderen Umgang mit der Natur. Dann erkennen wir, dass sie ein ähnlicher Schatz ist wie unser eigener Körper.

Den Atem als Anker nutzen

Ich atme ein und weiß,
dass Wut mich hässlich macht.
Ich atme aus und will nicht verzerrt werden durch Wut.
– THICH NHAT HANH –

ÜBUNG: Richten Sie heute in der Meditation den Fokus auf Ihren Atem. Lassen Sie Ihren Atem allmählich ruhiger und fließender werden. Atmen Sie tief ein, wenn möglich bis in Ihr Becken. Dann atmen Sie wieder aus. Machen Sie Ihren Atem zu einem Anker für Ihre Gedanken. Sie können sich Ihren Atem auch bildlich als einen Anker vorstellen. Einatmend bringen Sie den Atem bis zum Beckenboden. Dort verankern Sie ihn ganz bewusst.

Der Atem, als Anker eingesetzt, kann Ihnen dabei helfen, mehr im Hier und Jetzt zu sein und sich nicht in angstvollen Geschichten oder Furcht einflößenden Fantasien zu verlieren. Mit etwas Übung kann er Sie darin unterstützen, alle Gedanken, die in Ihnen aufsteigen, ohne Vorurteil und ohne Bewertung zu beobachten, sie wahrzunehmen, ohne an ihnen zu haften. Oftmals kommt ein Gedanke auf und Sie beschäftigen sich mit ihm, ohne es zu merken. Beziehen Sie sich hingegen immer wieder auf Ihren Atem, kommen Sie immer wieder zurück in Ihren Körper und den gegenwärtigen Moment. Dadurch lernen Sie, die Körperempfindungen, Gedanken und Gefühle, die permanent durch Sinneswahrnehmungen aufsteigen, weiterziehen zu lassen.

Wenn Ihnen die Arbeit mit dem Atem Freude bereitet und Sie darin unterstützt, wieder achtsamer zu werden, dann empfiehlt sich zur Abwechslung die folgende Übung. Sie wird Sie schnell in den gegenwärtigen Moment zurückholen, Ihre Konzentrationsfähigkeit stärken und Sie dadurch wieder ganz achtsam für das sein lassen, was Sie als nächstes tun müssen.

Tipp: Heißes Wasser blasen

Nehmen Sie eine Tasse mit Tee, Kaffee oder heißem Wasser in die rechte Hand. Spitzen Sie nun die Lippen wie zum Pfeifen. Atmen Sie ganz achtsam durch die Nase ein und durch die gespitzten Lippen wieder aus. Stellen Sie sich vor, dass Sie das heiße Getränk durch das lange Ausatmen abkühlen. Wiederholen Sie die Übung einige Male, bis Sie merken, dass Sie wieder klarer im Kopf sind und sich wieder besser auf das konzentrieren können, was gerade zu tun ist.[9]

Sollten Sie keine Tasse zur Hand haben, dann stellen Sie sich einfach vor, Sie hätten eine Tasse mit heißem Wasser oder Kaffee in der Hand. Machen Sie diese Übung so lange, bis Sie spürbar merken, dass Sie entspannter und ruhiger geworden sind.

KÖRPERBEWUSSTSEIN
ENTWICKELN

Der Körper ist der Tempel,
in dem die Seele wohnt.
– Asiatische Weisheit –

Die bewusste Wahrnehmung des Körpers und
die bewusste Erfahrung seiner Empfindungen
und physischen Vorgänge sowie das Wissen um
seine Vergänglichkeit spielen im Buddhismus
wie dargestellt eine tragende Rolle. Die Flüch-
tigkeit von Zuständen – etwa die Vergänglichkeit der eigenen Jugend oder die Abnahme der
eigenen Vitalität und Schönheit – zu akzeptie-
ren, ist für die meisten von uns sehr schwierig.

Wir haften an und wir lehnen ab – wir
möchten unseren Körper immer jugendlich,
schön, lebendig und potent wissen. Um dies
zu erreichen, übergehen wir seine natürlichen
Bedürfnisse und Grenzen und ignorieren die
Gesetzmäßigkeiten, denen er unterworfen
ist. Dadurch, dass wir ihn funktionalisieren,
übersehen wir, dass er der Sitz unserer Seele

ist, die durch ihn als unser Seismograph agiert und immer Recht hat.

Für mehr Gelassenheit ist die Arbeit mit dem Körper elementar. „Denn", so Mark Williams, „er reagiert extrem sensibel selbst auf das winzigste Aufflackern von Emotionen, die uns unablässig durch den Kopf gehen. Vielfach nimmt er Gedanken bereits wahr, bevor wir sie bewusst registrieren, und häufig nimmt er sie für bare Münze, unabhängig davon, ob sie einen korrekten Eindruck von der Welt liefern oder nicht."[10]

Der Körper reagiert nicht nur auf das, was wir denken oder fühlen, sondern er sendet seinerseits auch Rückmeldungen über unsere Emotionen an unser Gehirn, die grundlegende Gefühle wie Angst, Sorgen, aber auch Freude verstärken können. Diese Rückkopplungsschleife übt eine große Macht auf unser Dasein aus. Erwiesenermaßen hängen Wertungen und Urteile, die wir andauernd bewusst und unbewusst fällen, auch von unserer momentanen körperlichen Verfassung ab.

Wenn wir unsere Einstellung zu unserem Körper also dahingehend verändern, eine positive Beziehung zu ihm zu entwickeln, wird sich in Folge auch unser Leben in eine positive Richtung entwickeln.

Den eigenen Körper erforschen

Unser Körper ist ein kostbares Geschenk,
wir sollten ihn sorgsam pflegen.
Denn er ist der Ort unseres Erwachens
und unserer Erleuchtung.
– JATAKA –

ÜBUNG: Erforschen Sie heute in der Meditation systematisch und achtsam Ihren Körper. Nehmen Sie dafür eine bequeme Sitzhaltung ein. Beginnen Sie mit den Füßen. Schicken Sie Ihre ganze Aufmerksamkeit wertfrei dorthin. Wandern Sie dann weiter zu den Beinen, zu Geschlecht, Becken, Bauch, Herz- und Kreislaufsystem etc. Seien Sie dabei ganz wach und achtsam. Nehmen Sie ganz bewusst wahr, wo im Körper Sie Anspannungen spüren können. Atmen Sie in diese hinein, ohne etwas verändern zu wollen. Nehmen Sie auch ganz bewusst wahr, wo Sie Ihren Körper gar nicht wahrnehmen, und versuchen Sie, sich die verschiedenen Bestandteile dieser Region – wie Muskeln, Sehnen, Blutbahnen – einmal ganz bewusst vorzustellen. Nehmen Sie dies alles achtsam wahr, ohne etwas zu bewerten oder ohne etwas anders haben zu wollen.

Eine wundervolle Annäherung an Ihren Körper werden Sie durch die systematische Praxis der Achtsamkeit kennenlernen. Eine solche auf Ihren Körper bezogene Achtsamkeitslenkung ist besonders wichtig in der heutigen Zeit, in der der Körper durch die Beschäftigung mit virtuellen Welten immer mehr vernachlässigt wird. Sind Sie hingegen offen und achtsam für Ihren Körper und seine Bedürfnisse, dann werden Sie viel eher spüren, was er wirklich braucht.

Durch Meditationen und Achtsamkeitsübungen lernen Sie spielerisch, auf die Signale Ihres Körpers zu hören und ihn als ein sensibles Frühwarnsystem zu sehen, das bei aufkommender Stressbelastung und Besorgnis bereits dann Alarm schlägt, wenn sich diese auf der äußeren Ebene noch nicht manifestiert haben. Lernen Sie die Botschaften Ihres Körpers zu lesen. Dann können Sie sich manch schwierige Beziehung ersparen, weil Ihr Körper genau weiß, wer Ihnen gut tut und wer nicht. Sie werden auch entspannter und gesünder leben, weil Sie mit den Bedürfnissen Ihres Körpers gehen und nicht konstant gegen ihn arbeiten, sondern ihn beseelen und dankbar sind für jeden Tag, an dem er Ihnen dient.

Tipp: Die Körperwahrnehmung vertiefen

Wenn Ihnen die Übung, den eigenen Körper zu beseelen, Freude bereitet, dann können Sie diese Praxis etwas vertiefen und erforschen, wo genau in Ihrem Brust- oder Bauchraum, Hals oder Nacken ein Gefühl von Enge, Druck, Beklemmung, Ruhe, Entspannung, Anspannung vorhanden ist.

Erforschen Sie Ihren Körper, aber ohne sich vollkommen darin zu verlieren. Wenn Sie etwas in Ihrem Körper bemerken, dann benennen Sie es und sagen zum Beispiel: „Da ist Ruhe." Oder „Da ist Druck". Mit der Zeit werden Sie die Ursache dieser Körperempfindungen wahrnehmen. Manchmal ist es ein Mensch, in dessen Nähe wir das Gefühl von Beklemmungen empfinden. Achten Sie dann darauf, dass Sie genügend Abstand wahren. Oder eine Umgebung löst in Ihnen ein tiefes Gefühl von körperlicher Entspannung aus. Suchen Sie solche Orte ganz bewusst und wiederholt auf.

Dem Körper ein Lächeln schenken

Der Mensch muss 65 Muskeln bewegen,
um ein griesgrämiges Gesicht zu machen,
aber nur 13 Muskeln, um zu lächeln.
Warum strapazierst du dich so?
– ASIATISCHE WEISHEIT –

ÜBUNG: Unser Körper ist ein großes Geschenk. Viel zu selten danken wir ihm für das, was er leistet. Dies können Sie jetzt tun! Schließen Sie die Augen und gehen Sie zu Ihrem rechten Fuß. Verweilen Sie dort lächelnd drei Atemzüge. Gehen Sie dann weiter zum Fußgelenk und lächeln Sie. Dann geht es weiter zum Unterschenkel, Schienbein, Oberschenkel etc. Lächeln Sie jedem Organ, jedem Muskel, jeder Faser zu. Lassen Sie sich dabei ruhig ein bisschen Zeit und vergegenwärtigen Sie sich, was Sie der jeweiligen Körperregion zu verdanken haben. Achten Sie auch darauf, wie sich Ihre Körperempfindungen verändern, wenn Sie lächeln. Wiederholen Sie diese Übung auch dann, wenn Sie am Ende des Tages im Bett liegen. Mit einem Lächeln auf den Lippen werden Sie auf jeden Fall gelassener einschlafen, als wenn Sie sich Sorgen machen über Dinge, die in der Zukunft liegen.

Wenn Sie nicht 100 Prozent zufrieden sind mit Ihrem Aussehen, dann machen Sie sich bitte bewusst, dass die vorgegebenen Schönheitsideale nicht der Wahrheit entsprechen und die ganzen Aufnahmen in Modemagazinen retuschiert worden sind. Wenn Sie dies tun, bekommen Sie wieder einen gewissen Abstand und kommen sich selbst wieder einen Schritt näher.

Sie sind einzigartig! Sie sind schön und vom Leben so gewollt, wie Sie sind. Sie sind beseelt von einer einzigartigen Schönheit! Begegnen Sie sich selbst mit Liebe und Mitgefühl. Schenken Sie sich selbst Aufmerksamkeit und Zeit. Tun Sie sich und Ihrem Körper bewusst etwas Gutes! Schon bald werden Sie die Kraft spüren, die Ihnen zur Verfügung steht, wenn Sie sich selbst mit Wohlwollen und Achtsamkeit begegnen.

Ein Lächeln für Ihren eigenen Körper, für dieses vollkommene Meisterwerk, das jeden Tag Unendliches für Sie leistet, lässt Sie aufblühen. Diese Hinwendung zu sich selbst bildet überhaupt erst die Basis dafür, dass Sie auch andere Menschen leichter lieben können. Darum: Schenken Sie Ihrem Körper, wann immer es möglich ist, ein Lächeln!

Körperempfindungen wahrnehmen

Es gibt keine Pilgerstätte,
die wunderbarer und offener wäre als mein Körper,
kein Ort, der es mehr wert wäre,
erkundet zu werden.
– Siddha Saraha –

ÜBUNG: Es sind Ihre Körperempfindungen, Gefühle und Gedanken, die Ihr Befinden und Erleben bestimmen. Sind Sie traurig, spüren Sie einen Kloß im Hals, und sind Sie verliebt, haben Sie Schmetterlinge im Bauch. Es ist gut zu wissen, wie sehr unsere Körperempfindungen auch unsere innerlichen Befindlichkeiten ausmachen! Richten Sie heute in der Meditation Ihre Aufmerksamkeit auf Ihre Körperempfindungen. Konzentrieren Sie sich so lange auf Ihren Atem, bis Sie ein Gefühl wahrnehmen. Benennen Sie es, ohne sich damit zu identifizieren. Kehren Sie dann wieder zu Ihrer Atmung zurück. Wiederholen Sie den Vorgang.

Die buddhistische Psychologie weiß darum, wie sehr unsere Körperempfindungen, die eng an unsere Gefühle und Gedanken gekoppelt sind, uns im Griff haben können. Sie können uns in den Himmel oder in die Hölle katapultieren. Sie weiß auch, wie schwer es uns fällt, sie nur als das zu betrachten, was sie sind: Gefühle. Das gilt sowohl für die positiven als auch für die negativen Körperempfindungen.

Wenn wir lernen, unsere – sowohl positiven wie auch negativen – Körperempfindungen, die aus unseren Gedanken und Gefühlen entstehen, bewusst wahrzunehmen, und ihnen wertfrei eine entsprechende Aufmerksamkeit zu schenken, dann leben wir gelassener, weil wir uns nicht so in die Geschichten, die mit ihnen zusammenhängen, verwickeln lassen.

Machen Sie die Übungen regelmäßig, dann lernen Sie viel Neues über sich selbst und einen guten Umgang mit Ihrem Körper. Durch eine Übung wie diese, bei der Sie Ihre Achtsamkeit auf die Wahrnehmung Ihrer Körperempfindungen legen, können Sie sich Ihres breiten Spektrums an Gefühlen bewusst werden.

Vielleicht werden Sie zum ersten Mal in Ihrem Leben erleben und wahrnehmen, wie facettenreich sich Gefühle wie Freude, Gelassenheit und Entspannung in den verschiedenen Regionen Ihres Körpers bemerkbar machen. Sie werden auch lernen, einen konstruktiven Umgang mit Ihren Körperempfindungen wie Lust, Ablehnung und Anspannung zu entwickeln. Dann müssen Sie das, was sich an Körperempfindungen zeigt, nicht mehr verdrängen oder sich vollkommen davon überwältigen lassen. Wenn Sie dies durch die verschiedenen Übungen einüben, wird es Ihnen möglich, sich mehr und mehr auf Ihre Erfahrungen in Ihrem Leben einzulassen, auch wenn sie mit schwierigen Emotionen verbunden sind.

Manchmal geschehen dann alleine durch die bewusste Wahrnehmung wahre Wunder. Sie müssen sich nicht mehr von jedem Gefühl in den Bann ziehen lassen oder meinen, es ausagieren zu müssen. Dadurch reagieren Sie nicht mehr nur noch automatisch, sondern erfahren, was es heißt, die Wahl zu haben, schwierige Gefühle zuzulassen – oder auch nicht –, ohne von ihnen überrollt zu werden und besser noch:

gelassener mit den Herausforderungen des Lebens umzugehen.

Den Körper über die Zunge erfahren

Die Achtsamkeit des Körpers erlaubt uns,
unser Leben ganz zu leben.
Sie schenkt uns Heilung, Weisheit und Freiheit.
– JACK KORNFIELD –

ÜBUNG: Richten Sie heute beim Essen Ihre ganze Aufmerksamkeit auf Ihre Zunge. In welchem Bereich Ihrer Zunge nehmen Sie einen süßen, salzigen, bitteren oder herben Geschmack wahr? Wo genau entfalten sich exotische Gewürze, frische Kräuter und knackiges Gemüse auf Ihrer Zunge am intensivsten? Seien Sie achtsam und neugierig!

Wussten Sie, dass Ihre Zunge ein anatomisches Meisterwerk ist? Sie hilft Ihnen, die verschiedenen Geschmacksrichtungen salzig, bitter, süß und sauer wahrzunehmen und einzuordnen. Neueste Forschungen haben entdeckt, dass die Zunge auch die Geschmäcker Umami (Protein oder herzhaft), Kalzium, Fett, minzigkühl, würzig-scharf und metallisch empfinden kann.[11]

Ohne Ihre Zunge könnten Sie auch nicht essen oder trinken, weil sie den Schluckvorgang unterstützt. Ihre Zunge hat noch weitere Funktionen. Sie ist auch maßgeblich für Ihre Sprache zuständig. Fehlt Ihnen auch nur ein kleines Stück Ihrer Zunge, beginnen Sie zu lispeln.

Richten Sie Ihre Aufmerksamkeit auf Ihre Zunge, so werden Sie die Kraft der Achtsamkeit auf eine sehr intensive Weise wahrnehmen. Besonders hilfreich ist diese Übung, sollte Ihnen der Kopf wieder einmal schwirren oder diverse Ängste Ihren Geist durcheinanderwirbeln. Konzentrieren Sie sich dann vollkommen auf die sinnliche Erfahrung einer Erdbeere oder einer Rosine im Mund, holt Sie das wieder zurück in den Augenblick. Richten Sie Ihren Geist auf diese eine Sinneswahrnehmung und sind Sie mit allen Rezeptoren der Zunge ganz bei der Sache, und sei es nur die Erfahrung von köstlichem Schokoladeneis, das auf der Zunge zerschmilzt, kann dieser kurze Moment Sie öffnen und Ihnen ein ganzes Universum offenbaren. Ein Universum, das immer schon da war.

DANKBARKEIT KULTIVIEREN

Lieben Sie malerische Landschaften, eine köstliche Tasse Tee oder ein bereicherndes Gespräch mit einem Menschen, der Ihnen am Herzen liegt? Sind Sie sich dessen bewusst, was für ein großes Geschenk es ist, solche Erfahrungen machen zu können? Die Dankbarkeit macht uns genau das deutlich! Sie zeigt uns, wie wertvoll solch bereichernde Erfahrungen sind, wenn wir ihnen mit der entsprechenden Geisteshaltung begegnen.

Bei der Dankbarkeit handelt es sich um eine Geisteshaltung, in der wir uns darin üben, wahrzunehmen und wertzuschätzen, wie viel Gutes uns das Leben jeden Tag gibt. Dazu zählen neben der Tasse Tee auch ein Paar Ohren, die das Zwitschern der Vögel am Morgen hören können. Zwei Füße, die uns durch einen wunderschönen Park tragen. Eine gemütliche Wohnung, die uns bei Regen und Kälte Schutz gibt. Dankbarkeit ist eine Geisteshaltung, die unsere Sicht auf unser Leben maßgeblich verändern kann: Weg von einem Gefühl des Mangels. Weg von dem Glauben, vom Leben benachteiligt oder vergessen worden zu sein. Weg von dem, was nach Buddhas Ansicht so viel Leid verursacht: der Ablehnung dessen, was wir nicht haben wollen.

Dankbarkeit möchte uns dazu inspirieren, den Blick dafür zu öffnen, was das Leben uns im gegenwärtigen Moment schenkt: ein ganzes Universum. Das ist eine ganze Menge! Verändern wir unseren Blick und richten ihn voller Dankbarkeit auf das Leben, dann wird die Dankbarkeit so etwas wie eine magische Zutat, die uns hilft, ein erfülltes Leben zu führen. Sie kann vieles in unserem Leben verzaubern und uns in scheinbar ungerechten Situationen inneren Frieden schenken.

Dankbarkeit kann uns dabei helfen, Probleme zu lösen und schwierige Zeiten als ein Geschenk zu betrachten, durch das wir reifen können. Sie unterstützt uns dabei, mit einer solchen Sicht auf persönliche Herausforderungen Lösungen zu finden, statt den Kopf in den Sand zu stecken. Wir können so negative Umstände in positive verwandeln und günstige Situationen für uns nutzen. Durch Dankbarkeit können wir unser Gehirn umprogrammieren und das Gefühl, beschenkt zu werden, tief in unserem Bewusstsein verankern. Das führt dazu, dass wir uns aus einer Opferrolle befreien können und in die Position des Beschenkten wechseln. Dadurch werden wir achtsamer, mitfühlender, geduldiger, glücklicher und – eben dankbarer dem Leben gegenüber. Dieser Perspektivenwechsel ist dringend notwendig, denn normalerweise verpassen wir die Geschenke des gegenwärtigen Momentes viel zu häufig, weil wir uns im Gestern oder im Morgen, in Wünschen oder in Vorstellungen, in Träumen oder in Gewohnheiten aufhalten und ihnen nachtrauern oder sie herbeisehnen. Diese Gewohnheit führt dazu, dass wir unachtsam für die Wunder des gegenwärtigen Momentes sind, weil wir unreflektiert Hoffnungen, Sehnsüchte und Wünsche in die Zukunft hineininterpretieren.

Durch die regelmäßige Praxis der Dankbarkeit fühlen wir uns inspirierter und es eröffnen sich neue Sichtweisen auf das Leben, die Menschen, die Begegnungen und all die Erfahrungen, die uns das Leben schenkt. Je mehr Dankbarkeit wir also praktizieren, desto reicher fühlen wir uns.

Dem Körper danken

Ein Dank erfrischt oft mehr als Wasser und Schatten.
– BUDDHA –

ÜBUNG: Lassen Sie Dankbarkeit zur Gewohnheit werden. Schicken Sie vor dem Schlafengehen Ihren Füßen einen Dank. Nur weil *sie* gesund sind, können Sie tanzen und achtsam Schritt für Schritt gehen. Am nächsten Abend danken Sie Ihren Augen. Dann den Ohren. Sie machen es Ihnen möglich, dass Sie das Zwitschern der Vögel hören oder Ihr derzeitiges Lieblingslied zehnmal hintereinander spielen können. Durch Ihre Augen können Sie die vielen schönen Wunder in der Natur genießen. Der Gaumen schenkt Ihnen die Möglichkeit, die vielfältigen Speisen und Getränke zu genießen. Mit Hilfe der Hände können Sie eine SMS an Ihre Freunde oder Ihren Ehemann, Ihre Kinder oder Lebensgefährten schicken. Je genauer wir unseren Körper unter die Lupe nehmen, desto mehr erkennen wir, dass unsere Seele in einem Wunderwerk wohnt! Danken Sie jeden Tag einem anderen Teil Ihres Körpers.

Um dankbar zu werden, ist es ratsam, dass Sie Ihr Tempo verlangsamen. Werden Sie achtsam und offen für das, was Ihnen das Leben gerade schenkt: gesunde Füße, einen klaren Geist, eine gute Verdauung oder ein gesundes Herz. Wenn Ihnen ein gesunder Körper allerdings als selbstverständlich erscheint, dann brauchen Sie nur einmal mit einem wachen Blick zu beobachten, wie viele Menschen unter Herzrhythmusstörungen, Herzerkrankungen etc. leiden. Werden Sie offen dafür, was für ein großes Geschenk es ist, einen gesunden Körper zu haben. Er ist die Voraussetzung dafür, dass es Ihnen überhaupt möglich ist, Auto zu fahren, zu joggen, zu tanzen, einen Menschen, den Sie lieben, zu küssen und barfuß Schritt für Schritt zu gehen.

Ein solches Gefühl der Dankbarkeit, das Sie durch Übungen wie „Den eigenen Füßen danken" intensivieren können, wird Ihnen helfen, die Aufmerksamkeit umzulenken, weg von all den kleinen und großen Dingen in unserem Leben, die Ihnen vielleicht nicht schmecken, hin zu der Erkenntnis, dass Sie mit Ihrem Körper ein unendlich großes Wunderwerk geschenkt bekommen haben.

Laut Buddha ist der Körper überhaupt das größte Geschenk, weil wir durch ihn in der Lage sind, uns selbst wahrzunehmen, zu reflektieren und mit Hilfe unseres Gehirns und Geistes Erleuchtung zu erlangen. Sind wir uns dessen bewusst, dann wird jeder Tag in unserem Körper, so wie er ist, zu einem großen Geschenk.

Dankbar sein für unser Leid

*Dankbarkeit ist eine äußerst wichtige spirituelle Quelle,
die wir entwickeln können.*
– GODWIN SAMAPARANTHE –

ÜBUNG: **D**enken Sie heute an eine wichtige Krise in Ihrem Leben. Danken Sie den Menschen, die daran beteiligt waren und die Krise möglicherweise sogar ausgelöst haben. Auch wenn es paradox klingt – aber ohne ihr Dazutun wären Sie nicht so reif und weit, wie Sie heute sind.

Der Buddha brachte mit seinen Vier Edlen Wahrheiten zum Ausdruck, dass leidvolle Erfahrungen zu unserem Leben gehören. Er zeigte auch, dass es einen Weg gibt, mit diesen Erfahrungen umzugehen: Indem man lernt, sie nicht persönlich zu nehmen und sich nicht mit ihnen zu identifizieren. Durch eine unpersönliche Sichtweise auf die Erfahrungen wird es leichter, mit schmerzvollen Situationen umzugehen. *Jeder* wird im Verlaufe seines Lebens immer wieder mit leidvollen Situationen konfrontiert. Mit etwas Abstand betrachtet, sind solche Situationen – so schmerzvoll sie auch sein mögen – notwendig und gleichzeitig hilfreich für unseren persönlichen Reifungsprozess.

Vielleicht hilft Ihnen ein solcher Perspektivenwechsel, eine schwierige Erfahrung in Ihrem Leben nicht mehr als eine persönliche Strafe des Lebens an Sie zu betrachten oder als einen Schicksalsschlag. Vielleicht realisieren Sie auf diese Weise, dass Erfahrungen wie Verlust, Tod und Leid einfach zum Leben und zum Menschsein dazugehören. Indem Sie solche Situationen nicht ablehnen und ihnen mit Achtsamkeit begegnen, streiten Sie nicht ab, dass das Leben Leiden mit sich bringt und dass Sie manchmal dadurch auch an Ihre psychischen und physischen Grenzen kommen. Es heißt auch nicht, dass Sie schwierige Phasen in Ihrem Leben leugnen müssen. Aber durch eine grundsätzlich positive Haltung lenken Sie Ihre Aufmerksamkeit auf die positiven Dinge und nehmen sich Zeit, diese wertzuschätzen und dankbar anzunehmen. So kann manchmal die erste Mahlzeit nach einer schweren Grippe wie ein Festschmaus schmecken und Sie mit einer solchen Dankbarkeit erfüllen, die kein Geld auf der Welt aufwiegen könnte. Es ist hilfreich, wenn Sie in einer Situation, so schmerzvoll sie sein mag, auch einen Blick darauf werfen, was sie Ihnen an Wachstum und Einsichten bringt.

Den kleinen Sünden sei Dank

Jeder Tag sollte zu einem Dankfest werden,
an dem ihr an alle Gaben denkt,
die das Leben euch schenkt.
– PARAMAHANSA YOGANANADA –

ÜBUNG: Sie versüßen uns das Leben und
helfen uns durch manch spirituelle Krise:
köstliche Pralinen, fruchtige Weine oder
andere Schleckereien. Machen Sie sich
die Menschen bewusst, die an deren Ent-
stehungsprozess beteiligt sind. Schicken
Sie all den kreativen Konditoren, Winzern
und Lebensmittelherstellern im Geiste ein
„Dankeschön".

Dankbarkeit lässt Sie erfahren, dass alles auf
dieser Erde etwas Besonderes ist. Dankbarkeit
führt auch dazu, dass Sie die Verbundenheit
von allem und jedem erkennen. Das wird Ihnen
dabei helfen, alles, was Sie essen, aus einem
ganz anderen Bewusstsein heraus zu essen, als

wenn Sie es bloß in sich hineinstopfen würden. Dankbarkeit lässt uns frei werden. Wenn Sie eine einzige Praline voller Achtsamkeit und Dankbarkeit essen, erfahren Sie diese als ein großes Geschenk. Dann sind Sie vielleicht bereits nach der ersten Praline gesättigt. Haben Sie hingegen ein schlechtes Gewissen, weil Sie meinen „anzuhaften", dann wird diese Praline nur halb so gut schmecken. Die Fähigkeit genießen zu können *und* achtsam zu sein, ist eine wichtige Lektion auf dem spirituellen Weg. Der achtsame Genuss einer Süßigkeit und ein Dank an alle Menschen, die an ihrer Entstehung mitgewirkt haben, kann eine heilvollere spirituelle Praxis sein, als wenn Sie sich die Schokolade verkneifen. Eine solch bewusste Handlung zeichnet Sie dahingehend aus, dass Sie in der Lage sind, Ihre Achtsamkeit und Dankbarkeit auf die kleinen Geschenke des Alltags und des Lebens zu richten.

Das gleiche gilt im Umgang mit anderen Menschen. Bedanken Sie sich im Geiste ruhig immer wieder einmal bei Ihren Mitmenschen: Wenn Sie Ihrem Arzt für die Zeit danken, die er Ihnen geschenkt hat, einem guten Freund für sein offenes Ohr oder dem Koch in einem Restaurant über den Kellner einen Dank ausrichten lassen, sind die Menschen oft geneigt, diesen Dank abzutun und zu sagen, dass es doch selbstverständlich sei. Es ist aber nicht selbstverständlich. Danken Sie den Menschen und Sie werden Freunde ernten.

Wenn die Praxis der Dankbarkeit in Ihnen ein gutes Gefühl auslöst, dann können Sie diese abends vor dem Schlafengehen noch vertiefen und ihren Geist mit Dankbarkeit erfüllen. Anstatt sich Sorgen über die Zukunft zu machen, ist es heilvoller, sich vor dem Schlaf die Dinge vor Augen zu führen, für die sie dankbar sind, weil Sie dadurch ein Gefühl der Fülle und des Reichtums erleben können. Dankbarkeit lässt uns achtsamer werden, weil wir uns dann auch oft bereits durch Kleinigkeiten genährt fühlen, anstatt immer nur den Fokus auf das zu richten, was wir noch nicht haben. Darüber hinaus haben Studien belegt, dass Dankbarkeit dazu führt, dass wir besser mit schwierigen Situationen umgehen können, ein größeres Wohlbefinden haben und sogar besser schlafen.[12]

Die Geschenke des Universums annehmen

*Dankbarkeit stärkt unser Vertrauen
in das Leben, denn Dankbarkeit selbst ist
Ausdruck des Vertrauens.*
– URSULA RICHARD –

ÜBUNG: **N**ehmen Sie dankend die Geschenke an, die Sie heute umsonst vom Universum bekommen haben: die Sterne am Himmel, die wärmende Sonne auf Ihrer Haut, den Gesang eines Vogels, das Blühen der Blumen und DAS, was die Atome zusammenhält und dafür sorgt, dass Sie heute hier sind!

Wenn Sie sich bedingungslos für die Wunder des Lebens öffnen, werden Sie automatisch ein tiefes Gefühl von Dankbarkeit erleben. Wie durch ein Wunder erfahren Sie dann vielleicht, dass Sie etwas Kostbares in sich tragen und dass Sie es gerne mit anderen Menschen teilen möchten, weil Sie unendlich viel davon besitzen. Wie durch ein Wunder werden Sie die Quelle des Lebens erfahren, die Quelle Ihres Bewusstseins und die Quelle Ihres Seins. Wie durch ein Wunder offenbart diese Erfahrung sich Ihnen in einem Moment, in dem Sie offen und achtsam sind, vom Leben nichts fordern, sondern dankbar sind für den gegenwärtigen Moment und tief berührt werden können vom Vogelgezwitscher, einem Sonnenuntergang, dem Blick auf einen Berggipfel oder dem Geruch einer Sommerwiese. Es sind diese Augenblicke in der Natur oder in tiefer Verbindung mit einem anderen Menschen, in denen wir unsere eigene Essenz ganz intensiv und unmittelbar spüren und es keine Fragen mehr gibt, sondern nur noch ein tiefes Gefühl von Dankbarkeit.

MUTIG WERDEN

Als Buddha auf dem besten Weg war, das ultimative Verständnis über die Zusammenhänge in der Welt zu erlangen, sandte Mara, der Gott des Bösen, seine Streitmacht, um Buddha zu attackieren. Auf diese Weise wollte Mara ihn von der Erleuchtung abbringen. Als Erstes kam eine wilde Horde übelster Monster und feuerte mit Waffen gegen den Buddha. Diese aber verwandelten sich in Blumen. Als Mara erkannte, dass seine bösen Dämonen dem Buddha keine Angst einflößen konnten, versuchte er, ihn mithilfe der schönsten Frauen abzulenken. Sie versuchten alles, um ihn zu verführen. Buddha aber blieb standhaft. Die hübschen Mädchen verwandelten sich in alte Frauen, so wie sich zuvor die Pfeile in Blumen verwandelt hatten. Dies war ein deutliches Zeichen dafür, dass die Waffen der Verführung unwirksam blieben. Mara sagte dem Buddha daraufhin, dass keiner ihm glauben würde, dass er so viel Mut gehabt hätte, ihm, dem Gott des Bösen, zu widerstehen. Daraufhin hielt Buddha seine rechte Hand in Richtung Erde und rief die Göttin der Erde als Zeugin an. Jetzt erst sah Mara ein, dass er gegen Buddha nichts ausrichten konnte. Mürrisch zog er von dannen. In jener Nacht hatte Buddha unendlich viel Mut bewiesen. Er hatte sich *allen* Dämonen gestellt und ließ sich von *keinem* beeindrucken. Sein Mut hatte ihm geholfen zu erkennen, dass alles, selbst die schrecklichsten Dämonen, in unserem eigenen Geist entstehen. Wenn wir dies einmal realisieren, können wir ein Leben ohne Furcht leben.

Durch die buddhistische Psychologie lernen wir, dass wir Gedanken haben, aber nicht diese Gedanken sind. Durch sie lernen wir auch, unseren Blick voller Achtsamkeit immer wieder auf unser Bewusstsein zu lenken und die Zustände, die sich im Laufe des Tages bemerkbar machen, klar zu benennen. Sind wir offen, erkennen wir, dass uns über den Tag verteilt eine ganze Palette von unterschiedlichsten Zuständen durchströmt. Mal fühlen wir uns glücklich, mal sind wir verärgert, dann wiederum entspannt, gelangweilt, verängstigt, fröhlich, ärgerlich, glücklich, geliebt oder enttäuscht.

Das Ziel der buddhistischen Psychologie ist es, diese Zustände klarer zu erkennen und zu merken, dass sie nicht mehr sind als Zustände unseres Geistes. Denn solange wir an unsere Geisteszustände glauben und sie für real halten, leiden wir, weil sie über unser Empfinden bestimmen und wir ihnen dann meist hilflos ausgeliefert sind. Ihnen offen zu begegnen und sich nicht von ihnen in die Irre führen zu lassen, erfordert Mut.

Unsere geistigen Zustände kennenzulernen ist nach Ansicht der buddhistischen Psychologie so wichtig, weil wir so abhängig von den Inhalten der Zustände sind, und diese machen uns wiederum abhängig von dem, was uns im Außen widerfährt. Meist glauben wir, dass wir nur dann angenehme Geisteszustände erfahren, wenn die Umstände in unserem Leben positiv sind und uns Glück, Gesundheit oder Wohlstand bescheren. Sind die äußeren Umstände hingegen nicht so, wie wir es uns vorstellen, leiden wir und bekommen es mit der Angst zu tun. Die buddhistische Psychologie möchte uns vermitteln, dass die äußeren Umstände nicht relevant sind für unser Wohlergehen, sondern dass es vielmehr auf den

Zustand unseres Geistes ankommt. Denn nur davon hängt unser Glück ab. Aber eine solche Sichtweise erfordert Mut.

Die Angst ist der große Widersacher des Mutes. Angst speist sich aus nur einer Quelle: unseren Gedanken – um die Vergangenheit und um die Zukunft. Mutig zu sein heißt, sich der Vergangenheit zu stellen und gedanklich nicht an ihr zu hängen. Das wiederum kann bedeuten, sich möglicherweise sogar ein Stück von ihr zu lösen: zum Beispiel von alten Gewohnheiten, die heute nicht mehr zu uns passen. Oder von alten Vorlieben, die längst passé sind. Manchmal bedeutet Mut vielleicht sogar, Abschied zu nehmen von alten Weggefährten, die unserem eigenen Wachstum nicht standhalten können, weil sie selbst nicht den Mut hatten, sich weiterzuentwickeln.

Mutig zu sein heißt aber auch manchmal, sich von einem spirituellen Lehrer zu verabschieden, wenn wir merken, dass wir dort in einer Komfortzone gelandet sind, die zwar behaglich ist, uns aber auf unserem spirituellen Weg nicht wirklich voranbringt. Mutig zu sein heißt auch, der Zukunft Platz zu machen und den Dingen oder Menschen Raum zu geben, die zu unserem eigenen Entwicklungsstand passen. Mutig zu sein heißt auch, sich nicht von den Ängsten beherrschen zu lassen, dass es schlecht werden könnte, wenn wir Veränderungen in unserem Alltag zu- und uns ganz auf das Hier und Jetzt einlassen. Was hindert uns, Gelegenheiten beim Schopf zu packen, die sich gerade jetzt bieten? Leider lassen wir die meisten aber ungenutzt vorüberziehen. Aus Angst. Aus einem Sicherheitsdenken heraus. Aus Vernunft und oft auch aus Bequemlichkeit. In vielen Momenten fehlt uns schlichtweg der Mut, uns einfach unvoreingenommen für das zu öffnen, was uns entlasten oder unser Leben bereichern könnte.

Für den buddhistischen Lehrer Han Shan ist Achtsamkeit die wichtigste Zutat zum Mut. Wenn wir jedem Moment mit Achtsamkeit begegnen, entfaltet sich seiner Ansicht nach das Leben vor uns so, wie es zu uns passt. Haben wir den Mut loszugehen, wird sich das Leben zu unserem Wohl entfalten, auch wenn wir die Route des Weges manchmal nicht verstehen. Sind wir achtsam, dann erkennen wir auch den rechten Augenblick, in dem wir den ersten

Schritt tun sollen, um unser Glück zu ergreifen, und lassen ihn nicht verstreichen.

Aber nicht jeder ist von Geburt aus mutig. Mutig zu werden und zu sein kann man jedoch lernen. Wir brauchen es nur zu kultivieren – ähnlich wie Mitgefühl oder Geduld. Auf dem Weg dorthin spielt die Achtsamkeit eine wichtige Rolle, denn so weiß auch Jack Kornfield: „Das mutige Herz ist jenes, das keine Angst hat, sich der Welt zu öffnen. Mitgefühl verleiht uns die Fähigkeit, uns ohne Panzer dem Leben zu stellen."[13] Sind wir mutig und begegnen wir der Welt mit einem offenen Herz, realisieren wir, dass es letztendlich nichts gibt, vor dem wir Angst haben müssen, weil unser Herz nicht verletzt werden kann.

Mut ist eine der Grundvoraussetzungen, die wir brauchen, um unserem Alltag zuversichtlich zu begegnen, unseren spirituellen Weg zu gehen, den eigenen Visionen zu folgen, einen Neuanfang zu wagen und unseren Träumen Ausdruck zu verleihen.

Vor jeder mutigen Tat steht immer eine eigenverantwortliche Entscheidung, die getroffen werden will. Aber mutig zu sein, beinhaltet immer ein Risiko. Denn das Leben ist unberechenbar. Wer aber den Mut hat, auf seine innerste Stimme zu hören und Vertrauen in sie zu setzen, der wird den richtigen Weg finden und ihn barfuß Schritt für Schritt gehen. Auch wenn er sich nur Schritt für Schritt entfaltet. Auch dann, wenn wir ihn anfangs etwas zögerlich gehen. Aber später werden wir wissen, dass es der richtige Weg ist, und gelassen sein wie ein Buddha. „Das Leben wird vorwärts gelebt und rückwärts verstanden", sagt Sören Kierkegaard. Und jeder von uns kann diese Aussage bestätigen. Denn wie oft haben wir erst im Nachhinein Zusammenhänge erkannt und waren dann froh und manchmal erstaunt zugleich, wie mutig wir gehandelt haben, auch wenn wir nicht wussten, wie der nächste Schritt weitergeht.

Gehen Sie an die Orte, die Sie fürchten

Gestehe deine verborgenen Schwächen ein.
Nähere dich dem, was du abstoßend findest.
– MACHIG LABDRÖN –

ÜBUNG: Sind Sie neidisch? Tendieren Sie zur Eifersucht? Leiden Sie unter Konkurrenzdruck? Wollen Sie besser, erleuchteter sein als Ihre besten Freunde? Richten Sie heute den Blick auf eine Ihrer Schattenseiten und machen Sie sich bewusst, wie diese Ihr Denken und Handeln beeinflusst.

Der buddhistischen Psychologie zufolge entsteht ein gesunder Geist durch heilsame Geisteszustände. Sie empfiehlt uns, nicht bei der Identifikation mit den Geistesinhalten zu verweilen, sondern einen Schritt zurückzutreten und unsere Geisteszustände zu beobachten, zu lernen, alles loszulassen, was uns belastet, und das zu stärken, was uns glücklich macht.

Aber ein solcher Schritt setzt einen großen Mut voraus. Denn wir sind so sehr mit unseren Gedankeninhalten identifiziert, dass es uns schwerfällt, zu unserem Neid, Zweifel, unserer Dumpfheit, Schamlosigkeit oder unserer fehlerhaften Wahrnehmung zu stehen. Auf dem spirituellen Weg begegnen mir immer wieder Menschen, die sich sehr schwer damit tun, zu ihrer Eifersucht, Sex- oder Kontrollsucht, ihrer Angst, Verletzbarkeit, ihrem Hochmut oder ihrer Unwissenheit zu stehen. Dabei sind dies alles menschliche Geisteszustände. Und weil sie eben so weit verbreitet sind, haben fast alle buddhistischen Methoden das Ziel, unheilsame Geisteszustände aufzugeben und heilsame zu kultivieren. Aber dazu braucht es natürlich von unserer Seite den Mut, erst einmal das zu uns zu nehmen, was wir gerne loswerden möchten.

Wagen Sie einen Blick auf Ihre eigenen Gedanken und Gefühle. Denn meistens sind wir unserer selbst so wenig bewusst, dass wir gar nicht merken, wann wir zornig sind, wann die Angst uns regiert, wann die Wut uns in ihrem Bann hat. Bringen wir hingegen den Mut auf, uns schwierigen Gefühlen zuzuwenden, wird das Leben leichter. Dann brauchen wir keine Energie mehr dafür aufzuwenden, jemand anderer sein zu wollen, als wir sind. Die Achtsamkeit ist ein guter Weggefährte, wenn es darum geht, Mut zu entwickeln. Sie wird Ihnen helfen zu bemerken, in welchen Situationen Sie die Tendenz haben, „Ja" zu sagen, obwohl Sie „Nein" meinen. Sich achtsam all Ihren Verlustängsten und Sorgen zuzuwenden, ist mutig. Es ist alles andere als einfach.

Glauben Sie an die Kraft in sich

Nur Mut! Glaub an dich.
Oft wissen wir nicht, wie viel Kraft in uns liegt.
– MAHATMA GANDHI –

ÜBUNG: **F**ertigen Sie eine Liste Ihrer Stärken an. Dazu können gehören: Intelligenz, Ehrlichkeit, Verletzlichkeit, Authentizität oder Ihre Fähigkeit, das Gute in anderen Menschen zu erkennen und zu fördern. Richten Sie Ihre Aufmerksamkeit immer wieder und ganz bewusst auf Ihre Stärken.

Um mutig und voller Zuversicht durchs Leben zu gehen, ist es hilfreich, wenn Sie um die eigenen Stärken wissen. Leider richten wir unseren Fokus lieber auf unsere Schwächen und schämen uns sogar dafür, wenn wir auf unsere Stärken angesprochen werden. Um sich an schönen Dingen zu erfreuen, die zahlreichen Chancen zu nutzen, die das Leben Ihnen tagtäglich bietet, um sich selbst und andere Menschen zu schätzen und zu lieben, brauchen Sie innere Stärke. Sie brauchen keine Arroganz oder Hochmut, sondern Mut, der Ihnen hilft, zu Ihren Stärken zu stehen.

Ihre eigene, ganz persönliche Stärke kann sich auf vielfältige Weise zeigen. Manchmal ist es die Ausdauer, die es braucht, um Dinge fertig zu stellen. Oder aber Zurückhaltung, wenn es darum geht, anderen Menschen den Raum zu bieten, damit auch sie ihre eigenen Stärken entwickeln können. Denken Sie immer wieder an Ihre Stärken und richten Sie Ihre Aufmerksamkeit darauf. Machen Sie sich bewusst, wie wohltuend und bestärkend sich das anfühlt, sowohl in Ihrem Körper als auch in Ihrem Geist. Lassen Sie dieses Gefühl in Herz und Verstand einfließen, um es in Krisen als eine Ressource zur Verfügung zu haben. Denn so wusste der Buddha: Das Leben beschützt uns nicht vor leidvollen Situationen und man kann nicht früh genug damit anfangen, die positiven Seiten in sich selbst zu stärken, um solche Krisen gut durchzustehen.

Glauben Sie mutig an Ihre eigenen Träume

Ganz gleich, wie beschwerlich das Gestern war,
stets kannst du im Heute von Neuem beginnen.
– BUDDHA –

ÜBUNG: Lassen Sie sich nicht vom ersten „Nein" bei einem Projekt, einer Verabredung oder bei der Realisation einer Vision entmutigen. Bleiben Sie dran. Stehen Sie immer wieder auf und fangen Sie jeden Tag mutig und zuversichtlich an. Machen Sie sich bewusst, dass eine Absage nur eine Absage ist. Nicht mehr. Dass nicht alles beim ersten Anlauf klappt, ist vollkommen normal. Lesen Sie Biografien von erfolgreichen Menschen! Auch sie sind immer wieder aufgestanden, sie sich nicht von einer ersten Niederlage oder einem ersten „Nein" den Wind aus den Segeln nehmen ließen. Bleiben Sie dran!

Vertrauen in das eigene Bauchgefühl zu entwickeln, braucht Mut. Aber es ist dringend notwendig für ein wahrhaftiges Leben. Denn nur Sie selbst wissen, was gut für Sie ist. Wenn Sie den Mut haben, auf sich selbst zu hören, dann fühlt sich eine Entscheidung zutiefst richtig an, selbst wenn sie von außen betrachtet verrückt oder fahrlässig erscheint. Je mehr Sie lernen, in sich selbst zu vertrauen, desto leichter wird es Ihnen auch fallen, in das Leben und andere Menschen zu vertrauen. Laut Rick Hanson ist Vertrauen sogar in unserem Gehirn angelegt und stellt einen effizienten Weg dar, um Ressourcen zu sparen, weil wir nicht jedes Mal alles neu herausfinden müssen. Das innere Empfinden, in dem Sie sich auf das Vertrauen verlassen, integriert die präfrontale Logik, die limbische Emotion und die Erregung des Hirnstamms.[14] Wenn Sie kein Vertrauen in das Leben selbst hätten, hätten Sie dauernd Angst. Vertrauen unterstützt Sie im Umgang mit schwierigen Situationen, und der dazugehörige Mut wird Ihnen helfen, solchen Situationen ins Gesicht zu sehen.

Wenn Sie an Ihre Träume und an Ihre Visionen glauben, können Sie Unglaubliches bewirken. „Mit unseren Gedanken erschaffen wir unsere Welt", sagt der Dalai Lama. Es ist ein Ausdruck dafür, dass Ihnen die ganze Welt offen steht. Sie müssen nur den Mut haben, daran zu glauben. Wenn Sie eine Vision haben, die dem Wohl aller Wesen dient, dann geben Sie Ihrem Leben eine neue Richtung, die Ihnen unglaublich viel Energie zur Verfügung stellt. Sie werden in Kontakt kommen mit Ihren Ressourcen und Dinge möglich machen, von denen andere – und Sie selbst – vielleicht niemals zu träumen wagten. Sie müssen nur den Mut haben, sich eine Welt vorzustellen, in der es keine Kriege mehr und ein friedliches Miteinander gibt und Sie wieder im Einklang mit der Natur leben.

Es muss nicht immer die große Vision sein, die Sie antreibt. Vielleicht gibt es auch kleine Träume, die Sie gerne verwirklichen möchten. Fassen Sie noch heute den Entschluss, dieses Vorhaben zu realisieren. Es gibt keinen günstigeren Moment als den jetzigen! Seien Sie mutig!

Der Angst ein Lächeln schenken

Es erfordert Mut,
sich der ganzen Bandbreite unserer Gefühle
und Emotionen zu stellen,
ohne darauf zu reagieren oder sie abzuschneiden.
– JACK KORNFIELD –

ÜBUNG: Schauen Sie Ihren Ängsten mutig ins Gesicht. Setzen Sie sich mit Situationen, Menschen oder Dingen, die Ihnen Angst machen, auseinander. Suchen Sie nach den Ursachen der Angst und vor allen Dingen nach Lösungen, wie Sie Ihre Ängste überwinden können.

Untersuchen Sie das, was Ihnen Angst macht. Und geben Sie dem, was Sie ängstigt, einen Namen oder ein Gesicht. Konfrontieren Sie sich mit Ihren Ängsten. Denn sobald Sie in der Lage sind, etwas, das Sie ängstigt, zu benennen, verliert es augenblicklich entweder ganz oder zum Teil seine Macht über Sie. Ein solch lösungsorientierter und mutiger Blick auf Ihre Ängste und deren Ursachen bringt viel Licht in Ihr Leben. Manchmal braucht es nur einen einzigen Moment der Achtsamkeit und der geistigen Klarheit, um zu erkennen, dass das, was Ihnen so viel Angst gemacht hatte, nicht mehr war als ein Gedanke, der einzig und alleine in Ihrem Kopf entstanden war, aber mit der Realität nichts zu tun hat.

In dem Moment, in dem Sie den Mut haben, den Konflikten und Herausforderungen Ihres Lebens mutig ins Gesicht zu schauen, verlieren all die Gedanken, die Ihnen den Schlaf rauben und an Ihrem Herzen zerren, ihre Macht über Sie. Vielleicht ermutigt Sie diese Aussage von Mahatma Gandhi: „Nur Mut! Glaub an dich. Oft wissen wir nicht, wie viel Kraft in uns liegt." Sagen Sie sich Sätze wie diesen immer wieder innerlich vor. Denn um Ängsten zu begegnen, braucht es Kraft und Mut. Immer wieder aufs Neue. Denn Ängste sind zäh. Es braucht Ihr ganzes Mitgefühl und Ihre ganze Achtsamkeit. Es braucht auch Ihre Geduld und Ihr Vertrauen. Dies zu kultivieren lohnt sich, denn nur so verlieren wir nach und nach die Angst vor der

Angst und können das Leben in seiner wunderbaren Vielfalt wieder neu erleben.

Wenn Sie die Angst nicht mehr als etwas sehen, was Sie bedroht, sondern als etwas, an dem Sie wachsen können, dann kann es sogar ein sehr spannender Prozess sein, sich mit den eigenen Ängsten zu beschäftigen. Hier lohnt es sich, dem Rat des Dalai Lama zu folgen: „In welcher Situation wir uns auch befinden mögen, es ist immer möglich, sie unter positiven Gesichtspunkten zu betrachten." Ganz praktisch können wir unseren Ängsten begegnen, indem wir ihnen mutig wie ein Buddha Schritt für Schritt entgegentreten.

DEN GEDANKEN
AUF DIE SCHLICHE KOMMEN

Buddha erkannte, dass wir mit unseren Gedanken unsere Welt erschaffen. Wenn wir uns dessen bewusst sind, so seine eigene Erfahrung, können wir uns aus den Identifikationen mit ihnen lösen und ein entspanntes und gelassenes Leben führen.

Mit Hilfe der verschiedenen buddhistischen Praktiken, die zum Teil auf Buddha zurückgehen und zum Teil auf die Menschen im Westen angepasst wurden, kann man lernen, sich von den negativen Gedankenschleifen zu lösen und sich nach und nach für positive Geisteszustände zu öffnen: für geistige Klarheit, Glück, innere Zufriedenheit, Gleichmut und heitere Gelassenheit.

Je bewusster wir uns sind, dass Gedanken in unserem Kopf entstehen und nicht die Realität sind, desto eher ist es möglich, negative Gedanken zu überwinden und dadurch Gelassenheit und vollkommene Freiheit zu erlangen: „So wie der große Ozean nur einen Geschmack hat, den Geschmack von Salz", postulierte Buddha, „so hat meine Lehre nur einen Geschmack, den Geschmack von Freiheit." Diese Freiheit zu erlangen, ist laut Buddha möglich, auch wenn es ein langer Weg ist. Aber wenn wir auf unsere Gedanken achten und sie wandeln, kann es uns gelingen. Dazu braucht es wenig: die Achtsamkeit und die Geduld. Immer wieder neu. Jeden Tag. Gedanke für Gedanke.

Ein überaktiver Geist ist ein typisches Phänomen unserer heutigen Zeit. Bei der Informationsflut, der wir tagtäglich durch das Internet, die Printmedien, Radio und Fernsehen ausgeliefert sind, ist diese Entwicklung auch kein Wunder. In immer kürzerer Zeit müssen wir komprimiertes Wissen verarbeiten, neue Reize aufnehmen und immer häufiger unter massivem Zeitdruck höchste Leistung bringen.

Während unser Körper unter dieser konstanten Überlastung früher oder später aufgibt, wird unser Geist immer noch aktiver. Aber selbst wenn mal keine neuen Reize von außen auf uns einströmen, ist deswegen noch lange nicht Ruhe im Kopf. Dann kreisen unsere Gedanken lautstark um vergangene oder zukünftige Gespräche, verpasste Gelegenheiten, um ausstehende Termine, zukünftige Vorhaben und geheime Wünsche. Wird es unter unserer Schädeldecke vor lauter Grübeln und Denken zu laut, schalten wir vor lauter Verzweiflung das Radio oder Fernsehen ein, um den Krach im eigenen Kopf zu übertönen. „Wer hat nicht schon den Fernseher eingeschaltet, um endlich Ruhe vor immer wiederkehrenden Gedanken zu haben?", fragt der Psychologe Andreas Knuf. „Vielleicht sind iPad und Co womöglich vor allem so beliebt, weil sich der Lärm in unseren Köpfen durch Musik, Podcast und Hörspiel übertönen lässt?"[15]

Eine gute Möglichkeit, einen heilvollen Umgang mit den eigenen Gedanken zu lernen, ist, ihnen achtsam zu begegnen und sie mit etwas Abstand zu betrachten. Das heißt, dass es dabei dann nicht mehr darum geht, was wir denken, sondern eher wie wir diese Gedanken beurteilen. Ein Gedanke ist schließlich nicht mehr als ein Gedanke – egal ob positiv oder negativ. Es kommt ganz alleine darauf an, was wir aus ihm machen, welche Geschichte wir um diesen Gedanken spinnen und für wie real wir diesen Gedanken halten, der mit Abstand betrachtet einfach nur ein Gedanke bleibt. Dies ist leichter gesagt als getan, denn besonders dann, wenn auch noch starke Gefühle im Spiel sind, haben wir die Tendenz, selbst die irrationalsten Gedanken für real zu halten. Erst wenn wir erkennen, dass Gedanken nie mehr sind als sie selbst, sind wir in der Lage, unseren Geist dahingehend zu schulen, unsere Gedanken als solche zu erkennen und sie dann entweder zu nutzen oder ziehen zu lassen. Gelingt es uns, mit etwas Abstand wahrzunehmen, dass wir gerade einen Gedanken haben, dann können wir uns bewusst dafür entscheiden, ob wir ihn für wahr halten und ihm weiter folgen und eine Geschichte darum entwickeln möchten oder nicht. Es ist etwas vollkommen anderes, ob wir sagen: „Ich bin ein Versager" oder „Ich habe den Gedanken, dass ich ein Versager bin". Oder ob wir sagen: „Ich habe Angst" oder „Ich habe den Gedanken, dass ich Angst habe".

Durch die Distanz zwischen uns und dem Gedanken und seinen Inhalten können wir den sogenannten Inneren Beobachter entwickeln.

Ohne ihn würden unsere Gedankenprozesse nämlich vollkommen unkontrolliert ablaufen. Durch ihn können wir auch ins Hier und Jetzt kommen – und vor allen Dingen bleiben. Heute bestätigen auch hier immer mehr Untersuchungen, warum es so wichtig ist, im Hier und Jetzt zu bleiben.

Eine leicht gedrückte Stimmung, wie sie bei jedem Menschen vorkommen kann, endet möglicherweise in einer negativen Endlosschleife, wenn sie konstantes Grübeln und sich wiederholende Gedanken in Gang setzt. Dann leiden wir nicht mehr nur noch darunter, dass gerade ein grauer Tag ist, sondern wir verallgemeinern und denken daran, wann es uns in der Vergangenheit so schlecht ging und wie schlecht das Leben es mit uns meint und dass die Zukunft wahrscheinlich auch nicht besser wird. Wird diese Gedankenschleife nicht gestoppt, kann dies ein Gefühl des Kontrollverlustes bewirken, und wenn wir nicht aufpassen, wird ein bestimmter Hirnstoffwechselprozess in Gang gesetzt, der im schlimmsten Fall sogar in eine Depression führen kann. Gelingt es uns hingegen mit Hilfe der Achtsamkeit und der bewussten Wahrnehmung der eigenen Gedanken, bei der momentanen Stimmung zu bleiben, dann wird das negative Endlosband der Gedanken durchschnitten und die Gefahr, in eine Depression zu rauschen, ist gebannt.

Wenn Sie achtsam in der Gegenwart bleiben und Ihre Gedanken bewusst wahrnehmen, sie als solche erkennen und – so wie es von der buddhistischen Psychologie empfohlen wird – benennen, dann halbiert sich das Risiko, für die Zukunft schwarz zu sehen oder in eine Depression zu geraten. Aber auch Optimisten und geistige Frohnaturen profitieren davon, zu erkennen, dass all ihre Gedanken – auch wenn sie noch so grandios, fröhlich oder einzigartig sind – nicht mehr sind als nur Gedanken. Nicht umsonst empfahl der Buddha bereits vor 2500 Jahren *allen* Menschen eine fortwährende Übung in der Wahrnehmung der eigenen Gedankenströme. Denn nur dann, dies fügen seine Nachfolger mit neurologischem Fachwissen hinzu, lernt das Gehirn, automatisch Gedanken zu erkennen und ihnen ihre zerstörerische oder berauschende Kraft zu nehmen. Und nur so lernen wir, achtsam zu werden und entspannt und gelassen mit den Gedanken in unserem Kopf umzugehen. Egal, wie laut sie sind.

Gedanken wahrnehmen

Wir sind, was wir denken.
Alles, was wir sind, entsteht mit unseren Gedanken.
Mit unseren Gedanken machen wir die Welt.
– BUDDHA –

ÜBUNG: Entscheiden Sie sich heute für einen achtsamen und bewussten Umgang mit Ihren Gedanken. Sobald Sie Ihre Gedanken bewusst wahrnehmen, sagen Sie: „Denken. Denken. Denken." Beobachten Sie, was passiert, wenn Sie diese drei Worte wiederholen. Mit etwas Übung können Sie die Beobachtung auch dahingehend vertiefen, indem Sie die Gedanken etwas genauer benennen wie zum Beispiel: „Grübeln. Grübeln. Grübeln." Oder: „Planen. Planen. Planen."

Sie werden vielleicht nicht jeden Tag Zeit finden, Ihren Gedanken während einer 20- bis 30-minütigen Meditation auf die Schliche zu kommen. Aber selbst wenn Sie sich nur 5 Minuten Zeit nehmen und bewusst darauf achten, welche Gedanken – ob zuversichtlich, ärgerlich, negativ, freudvoll oder positiv – Ihnen durch den Kopf gehen. Mit zunehmender Praxis können Sie dann feststellen, wie schnell wir uns in unseren Gedanken verlieren und uns mit den Gefühlen, die daraus entstehen, identifizieren.

Durch diese Übung werden Sie lernen zu erkennen, wie viel Sie denken, was Sie denken und wie Sie lernen, sich nicht konstant mit Ihren Gedanken zu identifizieren. Dazu ist das Benennen der eigenen Gedanken ein erster hilfreicher Schritt. Dadurch können Sie lernen, eine neue Beziehung zu Ihren eigenen Gedanken aufzubauen.

Diese Praxis hat übrigens nicht zum Ziel, dass Sie aufhören zu denken oder es in Ihrem Kopf vollkommen still wird.

Tipp: Die Pause zwischen den Gedanken wahrnehmen
Haben Sie schon einmal die Pause zwischen zwei Gedanken wahrgenommen?! Das ist eine sehr spannende Erfahrung. Untersuchen Sie doch einmal ganz neugierig, was passiert, bevor ein neuer Gedanke entsteht. Diese Lücke

kann Ihnen ein neues Gefühl von Ruhe und Gelassenheit schenken. Seien Sie neugierig!

Eine wertschätzende Geisteshaltung entwickeln

Der Geist ist alles;
was Du denkst, das wirst Du.
– BUDDHA –

ÜBUNG: **Z**wei entgegengesetzte Zustände wie Angst und Mitgefühl können nicht zur gleichen Zeit in unserem Geist existieren. Wenn Sie zum Beispiel gestresst sind, Wut empfinden oder Angst haben, versuchen Sie, ganz bewusst eine wohlwollende, positive, optimistische oder freundliche Geisteshaltung zu entwickeln. Achten Sie ganz bewusst auf Ihre Gedanken!

Sind Sie eher eine Frohnatur oder eher ein Pessimist? Ist auch Ihre Aufmerksamkeit normalerweise auf negative Dinge gerichtet oder ist für Sie das Glas immer halb voll? Ärgern Sie sich, wenn die Bahn fünf Minuten zu spät kommt oder genießen Sie die gewonnene Zeit, um die Sonnenstrahlen einzufangen, die am Bahngleis für Sie scheinen? Murren Sie, wenn im Supermarkt fünf Menschen vor Ihnen in der Schlange stehen? Sind auch Sie sauer, wenn das Brot im Geschäft nicht ganz frisch ist oder freuen Sie sich, dass Sie das Brot von gestern zum halben Preis bekommen? Reagieren auch Sie verstimmt, wenn die bestellten Waren nicht innerhalb von 24 Stunden mit der Post ins Haus kommen? Halten auch Sie das Beste für selbstverständlich?

Wenn Sie zu den Menschen zählen, die allem etwas Positives abgewinnen können, so können Sie sich freuen! Normalerweise sind die meisten Menschen latent unzufrieden und jammern auf sehr hohem Niveau und vergessen dabei, dass ein gesunder Körper, eine glückliche Beziehung, ein gesicherter Arbeitsplatz nicht selbstverständlich sind. Leider erfahren viele Menschen am eigenen Leib, dass sich ein glücklich gewähntes Leben innerhalb weniger Minuten vollkommen verändern kann und nichts mehr so ist, wie es war.

Die Übung der wertschätzenden Gedanken eignet sich dann, wenn Sie gerne nach dem

Haar in der Suppe Ausschau halten. Sie wird Ihnen dabei helfen, den Blick auf das Positive zu richten und sich an dem zu erfreuen, was das Leben Ihnen in seiner Fülle offenbaren möchte. Sie brauchen gar nicht weit zu schauen, um mit der Wertschätzung zu beginnen: ein Dach über dem Kopf, ein voller Kühlschrank, ein gesunder Körper. Menschen, die Sie lieben. Bücher, die Sie gerne lesen. Ein guter Arzt, ein verantwortungsvoller Automechaniker, ein freundlicher Hausmeister.

Nehmen Sie sich einfach ein paar Minuten Zeit! Dann werden Sie feststellen, wie viele Kleinigkeiten es gibt, die Sie wertschätzen können: fließend heißes Wasser, Strom, ein funktionierendes Telefon, eine heiße Tasse Kaffee oder ein frisches Brötchen. Aber es gibt auch Abwesenheit von Dingen, die Sie für selbstverständlich halten. Wenn Sie dem jedoch Aufmerksamkeit schenken und wertschätzen, dass sie nicht da sind, werden Sie sich noch einmal glücklicher fühlen: die Abwesenheit von Krieg, Krankheiten oder Tod.

Negative Gedanken loslassen

Der Großteil unseres Leidens rührt daher,
dass wir zu viele Gedanken hegen.
– DALAI LAMA –

ÜBUNG: **D**er beste Moment, negative Gedanken loszulassen, ist genau jetzt! In diesem Moment. Sobald Sie merken, dass Sie in einer negativen Gedankenschleife hängen, sagen Sie sich: Negative Gedanken mir selbst, anderen oder dem Leben gegenüber behindern mich nicht länger. Ich wähle meine Gedanken mit Bedacht und Achtsamkeit.

Der Dalai Lama betont immer wieder, dass wir als Menschen die Tendenz haben, dem Negativen viel mehr Gewicht zu geben als dem Positiven. Das Gleiche gilt für unsere Abneigungen. Ihnen schenken wir in unseren Gedanken, Gefühlen und Körperempfindungen viel mehr Platz und Aufmerksamkeit als den Dingen, die wir lieben oder die uns gut tun. Vielleicht fällt Ihnen morgens, wenn der Wecker klingelt, als Erstes eine lästige Pflicht ein, die Sie an diesem Tag erledigen müssen. Oder Sie nehmen sofort wahr, dass der Himmel bewölkt ist, das Kind in der Nachbarwohnung schreit oder das Lied, das im Radio läuft, Ihnen nicht gefällt.

Wie sehr Ihre Laune und Ihre emotionalen Empfindungen von Ihren Abneigungen geprägt werden, ist Ihnen – wie den meisten Menschen – wahrscheinlich gar nicht bewusst. Erst wenn Sie anfangen, Ihr Augenmerk darauf zu richten, werden Sie wahrscheinlich realisieren, dass Sie manchen Dingen oder Menschen gegenüber eine grundlegend negative Einstellung haben.

Es kann ziemlich erschreckend sein, wie unreflektiert wir Menschen, Umstände und oft auch das Leben selbst ablehnen. Sich dessen bewusst zu werden, spielt in der buddhistischen Psychologie eine wichtige Rolle. Denn hier wird die Abneigung als eines der drei Geistesgifte betrachtet. Die anderen beiden sind Gier und Unwissenheit. Sie werden als Gifte bezeichnet, weil sie uns auf allen Ebenen so sehr schaden können wie ein Gift, das körperliche Schmerzen und emotionales Unwohlsein verursacht. Sie können aber auch so schädlich wirken, dass sie sich sogar auch schädlich auf unsere Mitmenschen und auf unsere Umgebung auswirken.

Abneigung wird im Buddhismus auch als die verborgene Quelle von Aggression und Zorn betrachtet. Sie entsteht aus der falschen Vorstellung, dass wir glücklich wären, wenn wir eine Sache, einen Menschen oder einen Umstand aus unserem Leben entfernen könnten. Sind wir aber tatsächlich in der Lage, dieses Etwas aus unserem Leben zu verbannen, taucht meist unmittelbar etwas Neues, Anderes auf, was uns stört. Es ist die Tendenz des Geistes, den Fokus auf das zu richten, was wir ablehnen. Kommt Ihnen das bekannt vor? Es ist wichtig, dass Sie diese Tendenz bemerken. Erst dann werden Sie in der Lage sein, inneren Frieden zu schaffen. Erst dann werden Sie merken, dass es gar nicht darauf ankommt, äußere Dinge zu verändern, sondern in sich selbst zur Ruhe zu kommen. Die Praxis der Achtsamkeit wird Ihnen helfen, Ihren eigenen Geist zu schulen und zu erkennen, wann Sie wieder Abneigung entwickeln. Die Achtsamkeit fordert Sie auf, in allem die Vollkommenheit zu sehen, und sie verlangt von Ihnen, sich Ihrer Abneigung bewusst zu werden und ihr mit Achtsamkeit, Wertschätzung und Mitgefühl zu begegnen. Sie können andere Menschen und das Leben nicht ändern. Was Sie ändern können, sind Sie selbst und Ihre Gedanken.

Zum Inneren Beobachter werden

Es ist sehr wichtig,
stets seinen Geist zu beobachten,
um nicht in den Würgegriff von Gier und
anderen störenden Gefühlen zu geraten.
– DALAI LAMA –

ÜBUNG: **N**ehmen Sie sich heute Zeit für eine Atemmeditation. Wenn währenddessen Gedanken auftauchen, dann nehmen Sie Ihnen gegenüber bewusst die Rolle des neutralen Beobachters ein, ohne sich mit ihnen zu identifizieren oder sich in Geschichten verwickeln zu lassen. Betrachten Sie all Ihre Gedanken aus einer wertfreien Perspektive.

Wenn wir uns die Frage „Wer bin ich?" stellen, antworten wir mit: Ich bin Ruth! Ich bin eine Mutter! Oder wir identifizieren uns mit unseren Eigenschaften wie: Ich bin stark, ehrgeizig, zufrieden, launisch, suchend oder verspielt. Wenn wir uns aber auf die Suche machen nach diesem „Ich", finden wir es nicht. Fragen wir uns dann weiter: Wer nimmt dieses Ich wahr?, erkennen wir, dass es noch etwas gibt, was neben diesem „Ich" existiert. Dies ist das Gewahrsein, das alles wertfrei wahrnimmt. Etwas, das auch gerne als der Innere Beobachter bezeichnet wird. Es ist das Ich, das uns und unsere Handlungen, aber auch unsere Sicht auf die Welt färbt.

Versuchen Sie, sich vorzustellen, dass es neben Ihrem Ich noch etwas anderes gibt. Etwas, das weiß! Versuchen Sie – spielerisch – innerlich einen Schritt zurückzutreten und Ihre Gedanken, Gefühle und Körperempfindungen aus der Sicht des Inneren Beobachters wahrzunehmen. Wenn es Ihnen gelingt, dann werden Sie merken, dass Sie Ihre Gedanken zwar wahrnehmen, aber sich nicht mehr vollkommen mit Ihnen identifizieren müssen. Und Sie können sie viel eher und schneller ziehen lassen. Wahrscheinlich wird es Ihnen nicht von heute auf morgen gelingen, aber irgendwann werden Sie verstehen, was mit dieser Übung gemeint ist. Öffnen Sie sich einfach dafür, dass

Sie einen neutralen, wohlwollenden Inneren Beobachter in sich haben.

Dann werden Sie erfahren, dass das Leben wesentlich leichter wird, weil Sie dann erkennen, dass Sie Gedanken haben, aber nicht diese Gedanken sind; dass Sie Gefühle haben, aber nicht diese Gefühle sind; dass Sie Körperempfindungen haben, aber nicht diese Körperempfindungen sind. Der Innere Beobachter kann für Sie zu einer großen Hilfe werden, das was ist, anzunehmen, ohne vollkommen weggespült zu werden von all den Empfindungen. Dieser Sichtwechsel wird Ihnen vielleicht auch aufzeigen, dass es oft gar nicht so sehr darum geht, ein Problem zu lösen, ein Gefühl loszuwerden, sondern einfach eine andere Beziehung dazu aufzunehmen. Wenn Sie sich selbst, andere Menschen und das Leben aus der Sicht des Inneren Beobachters wahrnehmen, erkennen Sie, dass nichts von Dauer ist. Dann realisieren Sie, dass alles vergänglich ist.

Der Innere Beobachter wird Ihnen auch dabei helfen, ein tieferes Verständnis für sich selbst, die anderen und die Welt zu erhalten.

Selbst ein kurzer Moment, in dem Sie die Position des Inneren Beobachters einnehmen können, kann einen kleinen friedlichen Freiraum in Ihrem Geist schaffen, in dem Sie neu und anders reagieren und nicht wie gewohnt mit Wut, Angst, Ärger, Zorn oder Eifersucht. Dadurch lassen sich alte Gewohnheiten und alte Konzepte durchbrechen. Ein solcher Moment kann dazu führen, dass Sie dann mit einem Menschen ein Problem in Ruhe besprechen, anstatt mit ihm zu streiten. Der Innere Beobachter kann Ihnen dabei helfen zu unterscheiden, was tatsächlich passiert und was für Geschichten aus Ihren Gedanken entstehen.

Freuen Sie sich auf die Begegnung mit Ihrem Inneren Beobachter. Er wird Ihnen ein hilfreicher Begleiter auf Ihrem Weg zur Gelassenheit werden.

GEFÜHLE BENENNEN

Unsere Gefühle wahrzunehmen ist ein erster wichtiger Schritt in Richtung persönliche Heilung und spirituelle Entwicklung. Mit ihnen zu arbeiten ist ein notwendiger zweiter Schritt. Die buddhistische Psychologie hat wirksame Methoden entwickelt, um mit schwierigen Gefühlen zu arbeiten. Dazu gehören die „vier entscheidenden Schritte für einen achtsamen Umgang mit Gefühlen".

Der *erste Schritt* besteht darin, dass wir *erkennen, was wir fühlen.* Ein neuer Weg für einen konstruktiven Umgang mit Gefühlen ist nämlich erst dann möglich, wenn wir zur Kenntnis genommen haben, dass wir dieses Gefühl haben.

Der *zweite Schritt* besteht darin, dieses Gefühl anzunehmen. Normalerweise wehren wir uns gegen bestimmte Gefühle, unterdrücken sie oder verdrängen sie, besonders dann, wenn es unangenehme Gefühle sind. Wer gibt schon gerne oder bereitwillig zu, dass er neidisch darauf ist, dass die eigene Tochter glücklicher ist als man selbst? Wer steht schon gerne vor dem eigenen Chef dazu, dass seine Ignoranz unserer Leistungen uns verletzt? Wer ruft schon bei einem Bekannten an und gibt seine Enttäuschung zu, dass man nicht zum Geburtstagsfest eingeladen wurde, obwohl man diesen Freund gerne auf den eigenen Festen willkommen heißt? Wer lässt seine Arbeitskollegen wissen, dass Ängste zu lästigen Mitbewohnern geworden sind und das eigene Leben zur Hölle machen? Wem ist es nicht arg, wenn der Meditationskreis, an dem man einmal die Woche teilnimmt, weiß, wie sehr man von Zorn, Wut, Hass, Neid, Intoleranz, Ungeduld oder Arroganz geblendet wird und sich schwer tut, diese Gefühle in Liebende Güte, Mitgefühl, Achtsamkeit und Dankbarkeit zu verwandeln? Aber es lohnt sich! Denn „die ganze Bandbreite von angenehmen und unangenehmen Empfindungen wird erst wirklich spürbar, wenn wir ein Gefühl zulassen können, ohne gleich in eine innere Gegenwehr zu gehen. Wir üben, einen akzeptierenden inneren Behälter für ein Gefühl zu schaffen und unbewusste Reaktionen durch klare Entscheidungen zu ersetzen", erklärt die buddhistische Meditationslehrerin Marie Mannschatz. „Das wiederholte Ausrichten des Geistes auf die inneren Empfindungen fördert Sammlung, und unsere Gefühle werden tiefer, runder und vielfältiger."[16]

Stehen wir zu unseren Gefühlen, ist es in der Regel auch viel leichter, sie zu untersuchen. Das ist der *dritte Schritt.* Dann laufen wir nicht mehr vor ihnen weg, sondern können sie mit unvoreingenommenem Interesse untersuchen.

Je weniger wir uns mit ihnen identifizieren, desto spannender ist es, zu schauen, warum genau wir auf bestimmte Situationen oder Menschen immer mit den gleichen Gefühlen reagieren. Dies braucht allerdings etwas Zeit und Übung, damit wir unsere übliche Reaktion unterbinden können und uns dann vom Anlass des Gefühls lösen. Wenn wir stark auf etwas reagieren, ist es ja normalerweise nicht das Gefühl selbst, was uns so absorbiert, sondern es sind ein Auslöser, ein Satz, eine Reaktion oder ein Gegenstand, die etwas in uns triggern.

Wenn wir dies mit Abstand beobachten können, dann merken wir, dass wir oft automatisch auf Situationen reagieren, dieser Automatismus heute aber gar nicht mehr angebracht ist.

Das Annehmen eines Gefühls führt zum *vierten Schritt,* nämlich dazu, dass wir uns nicht mehr (so lange) mit dem Gefühl identifizieren müssen. Vielleicht werden Sie weiterhin eifersüchtig darauf reagieren, wenn Ihr Mann mit Ihrer Kollegin flirtet. Vielleicht versetzt es Ihnen weiterhin einen Stich ins Herz, wenn Sie mit ansehen müssen, dass Sie wenig Geld im Alter zur Verfügung haben werden, obwohl Sie so hart arbeiten. Vielleicht sind Sie weiterhin enttäuscht, wenn Sie Ihr Bestes tun, aber trotzdem eine chronische Krankheit nicht in den Griff bekommen. In dem Moment, in dem Sie dieses Gefühl annehmen und sich bewusst sind, dass Gefühle kommen, eine Weile anhalten und dann wieder vergehen, werden Sie diese Gefühle wahrnehmen als das, was sie sind: Gefühle, die am Horizont Ihres Gewahrseins entstehen und vergehen. Nicht mehr und nicht weniger. Ein solcher Umgang hat etwas sehr Erleichterndes.

Die eigenen Gefühle wahrnehmen

Wenn ein angenehmes Gefühl auftaucht, wisse,
dass dies die Erfahrung eines angenehmen Gefühls ist.
Wenn ein schmerzhaftes Gefühl auftaucht,
wisse, dass dies die Erfahrung
eines schmerzhaften Gefühls ist.
– BUDDHA –

ÜBUNG: **K**onzentrieren Sie sich heute in Ihrer Meditation immer wieder auf ein Gefühl, das Sie bestimmt. Wo im Körper nehmen Sie es wahr? Benennen Sie es, ohne es zu bewerten. Sagen Sie z. B.: „Fühlen. Fühlen. Fühlen". Wenn sich das Gefühl aufgelöst hat, kehren Sie zum Atem zurück und verweilen Sie dort so lange, bis sich wieder ein Gefühl in den Vordergrund schiebt.

Gefühle wie Angst, Wut, Stress, Neid und Eifersucht können Ihnen – wenn Sie ihnen nichts entgegensetzen – das Leben schwermachen. Andersherum sorgen Gefühle wie Liebe,

Freude, Glück oder Dankbarkeit dafür, dass Sie selbst an einem verregneten Tag das Gefühl haben, als würde die Sonne scheinen. Normalerweise identifizieren wir uns so sehr mit unseren Gefühlen, dass wir sie für real halten und die Situation gar nicht mehr so wahrnehmen, wie sie wirklich ist.

Unsere Gefühle beeinflussen unsere Gedanken und umgekehrt: Die Färbung unserer Gedanken wirkt sich maßgeblich auf unsere Gefühle aus. Gemeinsam sind sie so stark, dass sie in unserem Kopf Szenarien, manchmal sogar ganze Welten erschaffen, die mit der realen Situation wenig zu tun haben. Mit zunehmender Übung werden Sie feststellen, dass Ihre Gefühle nicht nur die Wahrnehmung einer Situation beeinflussen, sondern auch maßgeblich für Ihre Entscheidungsprozesse im Alltag verantwortlich sind. Dessen sollten Sie sich immer bewusst sein und vermeiden, wichtige Entscheidungen im Affekt zu treffen, nur weil ein Gefühl Ihnen vielleicht die klare Sicht für eine Situation verstellt. Machen Sie sich immer wieder bewusst, wie machtvoll Ihre Gefühle sein können.

Wenn Sie die Übung noch etwas vertiefen wollen, dann konzentrieren Sie sich in Ihrer Meditation immer wieder auf ein Gefühl, das Sie bestimmt. Wo im Körper nehmen Sie es wahr? Benennen Sie es, ohne es zu bewerten. Sagen Sie z. B. „Da ist Freude", „da ist Eifersucht" oder „da ist Angst". Wenn sich das Gefühl aufgelöst hat, kehren Sie wieder zur Atmung zurück. Solange, bis sich wieder ein Gefühl in den Vordergrund schiebt. Nehmen Sie sich für diese Meditation 20 Minuten Zeit. Wünschenswert ist es, diese Übung über einen längeren Zeitraum zu wiederholen. Notieren Sie sich dann am Ende der Übung, welches Gefühl am häufigsten vorkommt. Welches davon ist Ihnen am vertrautesten? Woher kennen Sie dieses Gefühl? Welches Gefühl kommt so gut wie nie oder nur selten vor? Welches Gefühl würden Sie sich wünschen?

Mit zunehmender Übung werden Sie feststellen, wie wohltuend es ist, wenn Sie die Bandbreite Ihrer Gefühle kennenlernen und sie benennen können. Dann ist es nur noch ein kleiner, achtsamer Schritt, um zu erkennen, wo das ein oder andere Gefühl, das Sie früher vielleicht immer wieder übermannt hat, seine Ursache hat. „Jedes Gefühl", so der persische Dichter Rumi, „hat einen Ursprung und einen Schlüssel, der den Zugang öffnen kann." Mit der entsprechenden Achtsamkeit können auch Sie den Schlüssel zu Ihren unbewussten Gefühlen finden. Seien Sie also so mutig, Ihre Gefühle zuzulassen, ohne gleich in eine innere Abwehr zu gehen, sie zu leugnen oder vor ihnen zu fliehen. Dann können Sie die Wurzel für Ihren Ärger, Ihre Sorgen und Ihre Ängste erkennen und Sie aus Ihrem Geist entfernen – und Platz machen für solche Gefühle, durch die Sie inneren Frieden erlangen können. Damit haben Sie einen großen Schritt getan auf dem Weg, entspannt und gelassen wie ein Buddha zu sein.

Ein Gefühl von Sicherheit entwickeln

Reflektiere im Innersten deines Herzens,
ob du dich zu sehr gegen das Leben wehrst,
dich zu sehr schützt, vorsichtiger, ängstlicher,
zurückgezogener, engstirniger oder reizbarer bist,
als es eigentlich nötig ist.
– RICK HANSON –

ÜBUNG: Suchen Sie sich heute einen Ort, an dem Sie sich sicher fühlen. Erinnern Sie sich an eine Zeit, in der Sie sich gut und sicher gefühlt haben. Tauchen Sie ganz darin ein. Lassen Sie dieses Gefühl der Sicherheit zu, so dass es sich in Ihnen ausbreitet, damit Sie sich zukünftig schneller daran erinnern.

Ist Ihnen schon einmal aufgefallen, dass die meisten Menschen die Tendenz haben, Ihren Blick auf das Negative zu richten? Fremde Menschen sprechen einen im Aufzug eher darauf an, dass sich das Brummen des Aufzugs komisch anhört, anstatt Ihnen ein Kompliment für Ihre schöne Jacke zu machen. Der Grund für dieses Verhalten liegt in der Evolutionsgeschichte. Für das eigene Überleben und das der Sippe war es wichtiger, Gefahren am Horizont auszumachen, statt sich über den sonnigen Tag und die blühenden Blumen zu freuen.

Es ist mittlerweile sogar wissenschaftlich erwiesen, dass Menschen sich leichter und schneller an schmerzliche Erfahrungen erinnern als an schöne Erlebnisse, die sie im Verlaufe ihres Lebens hatten. Diese Untersuchung hat auch gezeigt, dass wir weniger aus freudvollen Erfahrungen und angenehmen Begegnungen lernen als aus unangenehmen Erlebnissen und nachhaltig negativ wirkenden Begebenheiten. In der Steinzeit war eine solche Aufmerksamkeitslenkung auf das Negative wichtig, heute hingegen erfordert es ebenso viel Aufmerksamkeit, an diesen negativen Erinnerungen nicht zu verzweifeln oder aufzugeben.

Forschungen haben gezeigt, dass es innerhalb einer Beziehung fünf positive gemeinsame Erlebnisse braucht, um einen Streit auszugleichen. Und erfahrungsgemäß sind Menschen eher bereit, hart dafür zu arbeiten, wenn die Gefahr besteht etwas zu verlieren, als dafür zu arbeiten, die gleiche Sache zu bekommen.[17]

Diese negative Tendenz lenkt Ihre Stimmungen und Haltung sich selbst, anderen Menschen und dem, was Ihnen begegnet, gegenüber unbewusst in eine negative Richtung. Sie beeinflusst aber auch Ihre Projektionen auf andere Menschen sowie Erwartungen, Hoffnungen und Planung zukünftiger Ereignisse. Vielleicht erklärt sich dadurch jetzt für Sie, dass Sie den Blick auch schon mal gerne eher darauf richten, dass das Glas halb leer ist. Diese Tendenz führt dazu, dass wir erfahrungsgemäß viel schneller lethargischer, mutloser, pessimistischer oder depressiver werden, sodass es unsere ganze Aufmerksamkeit braucht, den Blick auf das Gute in unserem Leben zu richten. Durch eine solche Achtsamkeitsverlagerung hin zu einem Gedanken der Sicherheit kann es Ihnen gelingen, den Blick zu weiten und die Herausforderungen und scheinbaren Schicksalsschläge in einem größeren Kontext zu betrachten, mehr Energie zu mobilisieren und nützliche Ressourcen zu aktivieren. Machen Sie sich bewusst, dass unser Gehirn wie ein Magnet reagiert.

Ein Gefühl von Sicherheit zu kultivieren ist besonders dann empfehlenswert, wenn Sie dazu tendieren, ängstlich zu sein oder an sich selbst zu zweifeln. Dann ist es sinnvoll, dass Sie sich vorstellen, wie sich ein Gefühl von Sicherheit in jeder Zelle Ihres Körpers ausbreitet. Diese Übung kann Ihnen besonders in beunruhigenden Situationen helfen, zum Beispiel bevor Sie in ein Flugzeug steigen oder in eine Besprechung gehen.

Bringen Sie mehr Freude in Ihr Leben

Der Geist neigt sich dorthin,
worüber der Übende häufig nachdenkt.
– BUDDHA –

ÜBUNG: Machen Sie sich heute eine Liste von guten Dingen, wohlwollenden Menschen und glücklichen Umständen, die Ihnen passiert sind oder gerade passieren. Mögen Sie auch noch so nichtig erscheinen wie etwas Warmes zu essen oder das offene Ohr eines Freundes. Nehmen Sie das Gefühl der Freude, das damit einhergeht, ganz in sich auf.

Sorgen Sie dafür, dass Sie so viele schöne Dinge in Ihrem Leben haben wie nur eben möglich. Verwöhnen Sie Ihre Sinne mit schönen Düften, gut schmeckenden Speisen, guter Musik etc. Dazu reicht manchmal schon der Anblick einer frischen Blume oder der Duft eines ätherischen Öles, der uns entspannt und uns ein wohliges Gefühl vermittelt.

Öffnen Sie sich für die freudvollen, schönen und positiven Dinge in Ihrem Leben. Für Ihren Körper, Seele und Geist ist es heilvoll, wenn Sie sich mit positiven Dingen, fröhlichen Menschen und entspannenden Ereignissen umgeben. Auf diese Weise aktivieren Sie den Parasympathikus, jenen Bereich Ihres autonomen Nervensystems, der für die Beruhigung zuständig ist. Der Sympathikus, der aktiv wird, wenn wir entweder angreifen oder fliehen müssen, wird auf diese Weise beruhigt und die Ausschüttung von Stresshormonen reduziert. So werden Ängste beruhigt, Ihr Körper entspannt sich, das Immunsystem wird gestärkt und die Verdauung verbessert. Diese umfassende Wirkung auf Ihr ganzes Dasein sollten Sie immer wieder berücksichtigen.

Um mehr Freude in Ihr Leben zu bringen, braucht es eine gehörige Portion Achtsamkeit, weil wir die Tendenz haben, unseren Blick automatisch auf die negativen Dinge zu richten. Hier kann die Achtsamkeit Ihnen aber sehr hilfreiche Dienste liefern. „Da die Achtsamkeit zum großen Teil unserer willentlichen Kontrolle unterliegt, steht uns ein außergewöhnliches Werkzeug zur Verfügung, um den ganzen Tag über das Gehirn in positiver Weise zu formen",[18] empfiehlt der Neuropsychologe Rick Hanson.

Eben weil das Leben für viele Menschen sowieso schon schwer genug ist, tun wir gut daran, unseren Blick auf die schönen Dinge zu richten. Gelingt es Ihnen also, mehr Achtsamkeit auf positive Erlebnisse, schöne Dinge und gute Gedanken zu richten, anstatt sich andauernd mit Ängsten und Sorgen zu identifizieren, dann können Sie ein glücklicheres Leben führen und tieferen inneren Frieden finden.

Sie können die Übung dahingehend vertiefen, dass Sie sich einmal bewusst machen, was Ihnen Angst macht, Sie stresst oder Ihnen überhaupt keine Freude bereitet. Versuchen Sie, jeden Tag eines dieser negativen Dinge durch etwas Positives zu ersetzen. Zum Beispiel könnten Sie im Rahmen dieser Praxis feststellen, dass es Ihnen gar nicht gut tut, abends vor dem Schlafengehen einen Krimi zu schauen.

Ersetzen Sie den Krimi in Zukunft durch eine Komödie, einen entspannenden Film oder durch eine Meditation. Überlegen Sie sich auch, welche Menschen Ihnen nicht gut tun. Und wen es in Ihrem Umfeld gibt, der Freude in Ihnen auslöst. Erst durch Achtsamkeit nehmen wir manchmal überhaupt erst wahr, was und wer uns gut tun.

Geringschätzung erkennen

Es ist sehr wichtig, stets seinen Geist zu beobachten,
um nicht in den Würgegriff von Gier und anderen störenden
Gefühle zu geraten.
– DALAI LAMA –

ÜBUNG: **W**erden Sie sich heute bewusst,
wie oft Sie jemand oder etwas gegenüber
negative Gefühle entwickeln. Sie werden
erstaunt sein, wie schnell und wie häufig
das passiert. Es können eher schwache
Gefühle sein wie Irritation oder Unwohlsein, oder aber starke Emotionen wie Zorn
oder Hass. Überlegen Sie, ob die Ablehnung
vielleicht doch nur eine alte Projektion oder
ein unüberlegtes und ungerechtfertigtes
Vorurteil ist. Achten Sie auf Ihre Gedanken.

Wenn Sie anfangen, auf Ihre Gedanken und
Gefühle zu achten, kann es ziemlich schockie-
rend sein, wie schnell und wie häufig Sie andere
Menschen abwerten oder ihnen gegenüber ein

Gefühl von Hochmut, Eifersucht, Abneigung, Ekel oder Arroganz entwickeln. Dies kann so schnell passieren, dass Sie es vielleicht gar nicht wahrnehmen. Oft sind es Kleinigkeiten, die dazu führen, dass wir einen anderen Menschen ablehnen: seine Frisur oder Kleidung, seine Ausbildung, sein Parfüm, eine Äußerung oder eine Handlung.

Wie schnell schütteln Sie den Kopf mit Geringschätzung, wenn ein Autofahrer nicht sofort reagiert, aber eigentlich gar nichts passiert ist? Wie schnell rutscht Ihnen ein Schimpfwort über die Lippen, weil jemand Ihnen den Parkplatz vor der Nase wegschnappt? Wie schnell reagieren Sie mit Unmut, wenn jemand vor uns an der Supermarktkasse besonders langsam ist und sich viel mehr Zeit lässt, als wir zu haben meinen? Achtsamkeit kann Ihnen aufzeigen, wie schnell Sie einen Menschen mit Geringschätzung strafen, nur weil Sie gerade im Stress sind oder Ihnen irgendetwas gegen den Strich geht – was mit dem Menschen, der Ihre Geringschätzung erntet, aber gar nichts zu tun hat.

Wie schnell – und oft in ungerechtfertigter Weise – Sie andere Menschen bewerten, abwerten, verurteilen oder geringschätzen, kritisieren oder monieren, können Sie erst bemerken, wenn Sie auf Ihre Gedanken und in Wechselwirkung damit auf Ihre Gefühle achten. Am Anfang mag es erschreckend sein zu erkennen, wie allgegenwärtig Geringschätzung ist. Und dann kann es auch sehr erschütternd sein, wenn wir feststellen, dass manche Menschen gar keinen anderen Gesprächsinhalt finden, als über die eigenen Kollegen, den Chef oder andere Menschen zu reden.

Ein hilfreiches Gegenmittel ist die Praxis der Demut. Demut wird Ihnen dabei helfen, das Gefühl der Selbstüberhöhung und damit einhergehend das Gefühl der Geringschätzung anderer loszulassen. Demut ist keine Schwäche! Sie wird vielmehr Ihr Selbstvertrauen stärken. Sie sorgt dafür, dass Sie anderen Menschen auf gleicher Augenhöhe begegnen. Dadurch erkennen Sie die Verbundenheit mit allem. Ein Gefühl von Demut dem Leben und anderen Menschen gegenüber wirkt wie eine offene Hand. Zeigen Sie sich demütig, stellen Sie sich nicht über andere, sondern seien Sie sich bewusst, dass Sie viel von ihnen lernen können. Dann sind und bleiben Sie einfach offen und gehen mit einem Anfängergeist durchs Leben. Dadurch fühlen sich andere Menschen nicht so leicht kritisiert oder verletzt. Demut ist auch ein Ausdruck von Weisheit, weil sie weiß, dass wir am Ende wie alles zu Staub werden.

FREUDE ERLEBEN

Laut Buddha und der buddhistischen Psychologie ist Freude einer der heilsamen Geisteszustände, die dazu führen, dass wir glücklicher sind. Freude können wir genauso wie Achtsamkeit durch Übung kultivieren. Die Wurzeln der Freude sind Weisheit, Liebe und Großzügigkeit. So wie Sonnenlicht den Nebel langsam auflöst, so sorgt die Präsenz von Freude dafür, dass unheilvolle Zustände vergehen. Eine wichtige Erkenntnis in diesem Zusammenhang ist, dass heilsame und unheilsame Geisteszustände sich gegenseitig ausschließen. Diese Aussage verdeutlicht, dass wir unserem Geiz, Hass, Neid, unserer Tollkühnheit und Engstirnigkeit *nicht* ausgesetzt sind! Durch die Praxis der Freude sind wir in der Lage, negative Zustände zu transformieren. Ist Freude vorhanden, hat Wut keinen Raum mehr. Ist Freude da, hat die Angst keinen Platz.

Freude ist uns angeboren und Grundbestandteil unseres Bewusstseins. In ihr spiegelt sich unsere wahre Natur wider, ein zeitloser, unverletzter, unsterblicher und reiner Geist, der in allen Menschen gleichermaßen lebt. Freude verleiht unserem Leben die Würze und schenkt ihm die Farbe, die es braucht, um den negativen, frustrierenden und traurigen Erfahrungen im Leben eines jeden Menschen entgegenzuwirken. Je mehr wir also in der Lage sind, sie zu kultivieren, desto leichter wird es uns fallen, mit den leidvollen Erfahrungen umzugehen. Dann wiegt eine Krankheit im Angesicht einer blühenden Blume nicht mehr ganz so schwer. Unsere Freude hängt von uns selbst ab und will von uns kultiviert werden. Vorhanden ist sie ja bereits, weil Lebensfreude unser natürlicher Zustand ist. Es heißt sogar, dass sie die Essenz unseres Seins ist. Im Stress des Alltags vergessen wir dies aber leider allzu schnell. Halten wir jedoch inne, dann erkennen wir die wahre Quelle unseres Glücks.

Beginnen wir, die alltäglichen großen und kleinen Probleme, mit denen wir konfrontiert werden, nicht mehr als Schicksalsschläge, sondern als Herausforderungen zu sehen, die wir meistern können, so öffnen wir ein wichtiges

Tor zur Lebensfreude. Dann werden wir unabhängig von Kritik oder verbalen Tiefschlägen anderer. Denn tief in uns ist unabhängig von allem ein unermesslicher Schatz an Wissen und eine unendliche Quelle tiefer Lebensfreude.

Natürlich gibt es Menschen, die sich leichter tun als andere, Freude zu empfinden. Aber, und das beweisen neue Forschungsergebnisse von Richard Davidson an der University of Wisconsin, das Gehirn eines *jeden* Menschen ist in der Lage, sich zu verändern und zu entwickeln. Das heißt also, dass jeder Mensch, egal ob wir uns als freudvoll, optimistisch, zuversichtlich, ängstlich oder pessimistisch einstufen, die Fähigkeit hat, sein Gehirn zu verändern und positive Eigenschaften wie Freude zu kultivieren. Wir müssen es nur tun. Fangen Sie also am besten jetzt damit an. Denn das Leben ist viel zu kurz und viel zu schön, als dass man es mit negativen, traurigen, getrübten Gedanken verschwenden sollte.

Nehmen Sie sich Zeit für freudvolle Dinge

Die meisten Dinge, die uns Freude machen,
sind weder kompliziert noch kostspielig.
– JAMES BARAZ –

ÜBUNG: **N**ehmen Sie sich heute immer wieder Zeit, um Dinge zu finden, die Sie erfreuen. Sie werden erstaunt sein, wie viele es sein können! Eine blühende Blume. Das Kompliment Ihres Kollegen. Ein fröhliches Lied im Radio. Eine Situation, über die Sie mit einem Freund herzhaft gelacht haben.

Die buddhistische Psychologie rät uns, dass wir den Blick weg von den negativen Gedanken hin auf freudvolle und positive Gedanken richten. Dadurch verstärken wir positive Qualitäten in uns und schwächen negative Eigenschaften. Da unser Gehirn im Allgemeinen stärker auf einen negativen Stimulus reagiert als auf einen positiven, ist es wichtig, dass wir positive Eigenschaften wie Glück, Dankbarkeit und

Freude kultivieren. Wenn wir etwas Schönes erleben – entweder etwas, das gegenwärtig passiert oder etwas, auf das wir uns freuen oder das in der Vergangenheit geschehen ist – dann rät uns die buddhistische Psychologie, diese Erfahrung mit jeder Faser unseres Körpers aufzusaugen und zu genießen. Im Verlaufe eines Tages geschehen so viele schöne Dinge, über die wir uns freuen könnten, aber wir nehmen sie nicht richtig wahr, genießen den Moment nicht und lassen uns nicht wirklich berühren.

Genießen Sie Ihr Leben. Überlegen Sie sich, was Sie darin unterstützen könnte, mehr Freude in Ihr Leben zu bringen. Erfreuen Sie sich zum Beispiel an der Schönheit. Wenn Sie offen dafür sind, kann Schönheit Ihnen überall begegnen. Sie müssen nicht unbedingt in ein Konzert gehen, sich eine Ausstellung ansehen oder ein Gourmetmenü bestellen. Sie können auch in ganz einfachen Dingen die vollkommene Schönheit des Lebens entdecken. In einer Blume, die ganz langsam aufgeht und blüht. Einem Reh am Waldrand, das vorsichtig zu Ihnen hinüberschaut. Einem Kind, das lacht. Einem Straßenmusiker, der aus ganzem Herzen spielt. Einem jungen Hund, der mit seinen tapsigen Bewegungen das Herz der Passanten im Sturm erobert. Einer Weisheit, die wir in einer Zeitschrift lesen. Einem schönen Roman, der uns durch seine Sprache gefangen hält. Für ein paar offene Augen ist die Schönheit allgegenwärtig. Welche Dinge sind für Sie heute besonders schön? Welche Aspekte des Lebens sind für Ihre Ehefrau, Ihren Nachbarn, Arbeitskollegen oder Schwiegervater von Schönheit? Wir haben auch hier die Wahl, worauf wir unseren Blick richten. Wir können wählen, ob wir uns mit unserem Arbeitskollegen in der Mittagspause über unseren mürrischen Chef unterhalten oder ob wir von der Schönheit der Berge erzählen, in denen wir eine Wanderung unternommen haben.

Wenn Ihnen der Blick auf die Schönheit Freude bereitet, dann nehmen Sie sich jeden Abend vor dem Schlafengehen ein paar Minuten Zeit und überlegen Sie sich, wo und wann Ihnen im Verlauf des Tages schöne Dinge, schöne Menschen, Momente, Gerüche, Klänge, Düfte begegnet sind. Sammeln Sie schöne Momente und lassen Sie zu, dass die Freude, die durch die Erinnerung daran entsteht, sich in jeder Zelle Ihres Körpers ausbreitet und sich dort verankert.

Tun Sie es mit Freude

Es gibt keine große und schwierige Aufgabe,
die sich nicht in kleine, leichte Aufgaben
unterteilen ließe.
– BUDDHISTISCHES SPRICHWORT –

ÜBUNG: **Ä**ndern Sie heute Ihre Haltung den Tätigkeiten gegenüber, die Sie normalerweise nicht gerne tun: Rechnungen bezahlen, Geschirr spülen, aufräumen oder E-Mails abarbeiten. Fassen Sie die Absicht, dass jede dieser Tätigkeiten mehr Freude in Ihr Leben bringt.

Wie wäre es, wenn Sie sich nicht mehr über eine Rechnung ärgern, sondern sich darüber freuen, dass ein anderer Mensch Geld verdient und dadurch seine Familie versorgen, sich etwas Gutes leisten und durch Ihre Mithilfe das Leben ein bisschen mehr genießen kann? Nach buddhistischer Sicht wäre dies ein äußerst lobenswerter Ansatz, weil Sie dann eine der Vier Noblen Tugenden praktizieren würden. Mitfreude heißt, dass wir unsere Fähigkeit kultivieren, eine freudige Anteilnahme für das Glück anderer zu entwickeln. Der Widersacher von Mitfreude ist der Neid. Laut Ayya Khema ist Freude, mit anderen zu empfinden, das beste Gegenmittel gegen Depression. Ihrer Ansicht nach fehlt jedem Menschen, der depressiv ist, das Gefühl der freudigen Anteilnahme. Dadurch wird auch verständlich, dass Menschen, die reich sind, sich am Reichtum aber nur erfreuen können, wenn sie noch reicher als ihre Nachbarn sind. Sie können sich nicht wirklich freuen, wenn es anderen Menschen besser geht. Derjenige aber, der sich auch dann freuen kann, wenn es einem Konkurrenten oder anderen Menschen gut geht und vielleicht einmal ein anderer Glück erfährt statt er selbst, findet stets in sich selbst Glück.

In Momenten, in denen Sie damit konfrontiert werden, dass ein anderer Mensch die Wohnung bekommt, die Sie gerne gemietet hätten, oder die Arbeitsstelle erhält, nach der Sie sich gesehnt hatten, oder die Liebe eines

Menschen gewinnt, in den Sie sich verliebt hatten, ist es natürlich schwierig, sich für den anderen zu freuen. Das verlangt dann schon eine gewisse Größe, das Herz weit werden zu lassen. In solchen Momenten werden Sie wahrscheinlich mit starken Gefühlen von Verlust, Ärger, Missgunst und Neid konfrontiert. Dann fällt es Ihnen wahrlich nicht leicht, Freude zu empfinden. Vielleicht sind Sie enttäuscht und machen sich Gedanken darüber, dass Sie nicht liebenswert oder nicht gut genug sind. Aber ist es Ihnen nicht auch schon passiert, dass Sie im ersten Moment zwar enttäuscht waren, sich aber bereits ein paar Monate später eine neue Arbeitssituation ergeben hat, die Ihnen viel mehr entsprochen hat als das Angebot, das Sie nicht bekommen hatten? Wenn Sie achtsam sind, können Sie außerdem erkennen, dass sich auch Gefühle des Neids, der Enttäuschung und des Verlusts wandeln. Ja, Sie selbst haben sogar die Möglichkeit, diese Gefühle in sich selbst aktiv zu wandeln und zwar durch die Mitfreude. Wenn Sie sich für andere Menschen freuen können, dann erleben Sie eine ganz neue Form des Miteinanders.

Nach buddhistischer Ansicht bringt es auch gutes Karma, wenn man anderen Menschen etwas Gutes tut und sich daran erfreut. Der buddhistische Lehrer Han Shan erzählte in einem Vortrag davon, dass die Menschen in Thailand große Freude daran haben, ihm auf seinen Bettelgängen alles Mögliche an Köstlichkeiten in die Bettelschale zu legen. Es ist für sie sogar eine große Gelegenheit, ihr eigenes Karma zu verbessern. Ist ein solcher Ansatz nicht viel schöner, als wenn man sich gegenseitig das Leben schwermacht, sich gegenseitig Steine in den Weg legt und dem anderen nichts gönnt?

Die Perspektive wechseln

Wir können die Welt als fehlerhaft
oder als wunderbar betrachten:
Alles liegt in unserem Denken.
– Dalai Lama –

ÜBUNG: Streichen Sie Begriffe aus Ihrem Wortschatz, die Ihnen ein Gefühl von Schwere, Zwang oder Reglementierung vermitteln, wie zum Beispiel: „ich muss", „ich soll". Ersetzen Sie solche Worte durch positive Redewendungen wie: „ich darf", „ich kann" oder „ich freue mich darauf, dieses oder jenes zu tun".

Der Buddha erforschte bereits vor zweieinhalbtausend Jahren die Funktionsweise unseres Geistes. Während seiner Meditationen erkannte er, dass es zwei unterschiedliche Kategorien von Gedanken gibt. Solche, die Leid verursachen, und solche, die Glück verursachen. Zur ersten Gruppe zählte er Gedanken, die um

Gier, Übelwollen und Grausamkeit kreisen. Er erkannte, dass sie sowohl zum eigenen Leid führen, als auch bei anderen Menschen Leid verursachen können. Zu den Gedanken, die Glück verursachen, zählen solche, in denen sich Mitgefühl, Zufriedenheit und Freundlichkeit äußern. Sie sind nicht nur unschädlich, sondern führen auch zum Glück.

Welche Gedanken sich in uns bilden, können wir nicht beeinflussen, so der Buddha. Aber, so lautet die gute Nachricht, wir können beeinflussen, ob wir uns länger damit beschäftigen oder nicht. Die Achtsamkeit spielt deshalb in der buddhistischen Psychologie eine so wichtige Rolle. Denn indem wir uns darin üben, in jedem Augenblick achtsam wahrzunehmen, was in unserem Geist geschieht, können wir jene Gedanken kultivieren, die zu unserem Wohlbefinden und zu unserer Freude beitragen. Sind wir achtsam, können wir all jene Gedanken loslassen, die unsere Zufriedenheit unterhöhlen, und unsere Erfahrung aus einer neuen, angenehmeren Perspektive lenken.

Nachdem der Buddha seinen Schülern von den beiden Kategorien von Gedanken erzählt hatte, erklärte er ihnen, dass es möglich ist, den Geist zu schulen und ihn in eine positive Richtung zu lenken: Das, woran der Übende häufig denkt, wird zur Neigung des Geistes."[19] Mit anderen Worten bedeutet dies, dass wir unsere Denkgewohnheiten verändern können, indem wir etwas wiederholen. Das gilt sowohl für negative als auch für positive Gedanken. Entscheiden wir uns dafür, solchen Gedanken Energie zu geben, die uns Freude bereiten, Kraft schenken und Mitgefühl oder Freundlichkeit für uns selbst und andere bedeuten, neigt sich unser Geist zunehmend in diese Richtung. Achtsamkeit hilft uns, Gedanken auszuwählen und sie in eine wohlwollende Richtung zu lenken, damit wir weniger leiden und mehr Freude in unserem Leben empfinden.

Wenn wir lachen, bringen wir mehr Freude in unser Leben, denn dann geht es uns gleich besser. Ein Lachen macht uns nicht nur attraktiver, es wirkt sich auch körperlich positiv auf uns aus, denn bereits durch ein Lächeln wird die Stressreaktion beruhigt und es werden positive neurochemische Substanzen wie Dopamin und Endorphine freigesetzt. Forschungen haben darüber hinaus auch gezeigt, dass ein Lächeln, unabhängig davon, wie man sich innerlich fühlt, diesen lächelnden Menschen dazu bringt, die Welt positiver einzuschätzen und mehr Freude in sein Leben zu lassen. Darum ist es auch ratsam, sich lieber mit Menschen zu umgeben, die selbst gerne lachen und leben, anstatt mit Menschen zusammen zu sein, die in jeder Suppe ein Haar finden.

Freuen Sie sich auf bessere Zeiten

Mitten im Winter habe ich erfahren,
dass es in mir einen unbesiegbaren Sommer gibt.
– ALBERT CAMUS –

ÜBUNG: Alles ist vergänglich – auch das Leid. Machen Sie sich bewusst, dass leidvolle Erfahrungen zum Leben gehören. Jeder Mensch erlebt sie – und überlebt sie. Sie sind Teil unserer menschlichen Existenz. Machen Sie sich bewusst, dass auch diese Erfahrung vorübergehen wird. Freuen Sie sich ganz bewusst auf bessere Zeiten!

Die Aufforderung, sich in schweren Zeiten zu freuen, klingt wie Hohn. Denn wie viel leichter ist es, sich in Zeiten, in denen es uns gut geht, zu freuen und dies auch zu kultivieren. Aber wie viel wichtiger ist es, den Kopf nicht in den Sand zu stecken, wenn wir uns in einer Krise befinden. Egal ob sie klein, groß, selbstgemacht oder existenziell ist.

Wenn wir eine Krise haben, eine Diagnose erfahren, verlassen werden, dann kann sich unsere scheinbar so heile Welt in einem Bruchteil von Sekunden auf den Kopf stellen. Tag für Tag halten wir unsere Gesundheit für selbstverständlich, unsere Lebenszeit für unendlich und unsere Beziehungen für dauerhaft. Dabei wird jeder Mensch – nach Ansicht des Buddha – früher oder später mit leidvollen Erfahrungen konfrontiert. Ja, sie gehören einfach zum Leben dazu. Dies machen die Vier Edlen Wahrheiten mehr als deutlich.

Leidvolle Erfahrungen können sehr unterschiedlich sein. Wir jammern auf hohem Niveau, gemessen an dem, was anderen Menschen in Kriegs- oder Krisengebieten an Leid widerfährt. Hier ist es hilfreich, die Perspektive zu wechseln und zu sehen, dass wir die Umstände oft viel schlimmer bewerten, als sie wirklich sind. Natürlich gibt es auch immer wieder tragische Erfahrungen, bei denen wir das Gefühl haben, dass das Leben ungerecht ist, uns selbst oder einen anderen Menschen so viel Leid erfahren zu lassen. In der Süddeutschen Zeitung gab es zu Weihnachten einmal einen

Artikel über das Älterwerden. Zwei Menschen berichteten darüber. Eine 89-jährige Frau hatte körperlich mit vielen Problemen zu kämpfen. Aber sie fand jeden Tag etwas Neues, an dem sie sich erfreuen konnte. Ein 80-jähriger Mann hingegen, der körperlich noch gesund und rüstig war, hatte seinen Blick nur auf das Negative gerichtet. Er hatte Zeit seines Lebens das Gefühl gehabt, zu kurz gekommen zu sein. Für ihn bestand das Leben nur aus schrecklichen und negativen Erfahrungen. Das Wort Freude war ihm vollkommen fremd.

Dieser Artikel zeigt, dass wir selbst die Wahl haben, wie wir mit unserem Leben umgehen. Ob wir in dunklen Zeiten die Kerzen ausblasen, die für uns scheinen, oder ob wir uns an ihrem Licht erfreuen wollen, liegt an uns selbst. Wir können natürlich auch versuchen, leidvolle Erfahrungen zu meiden oder zu leugnen, darüber bitter zu werden oder uns über sie zu ärgern. Wir können es auch ertragen oder resignieren. Oder aber wir können entdecken, dass es einen anderen, heilvolleren und freudvolleren Weg gibt, der uns offen macht für den Wachstumsprozess, der in einer solchen Erfahrung steckt,

und für die Bereicherung, die wir dadurch erleben.

GLÜCKLICH WERDEN

Beim Dhammapada handelt es sich um eine Sammlung der Lehren des Buddha. Es sind insgesamt 423 Verse, in denen der Erwachte auf die Bedeutung des Geistes eingeht und erklärt, wie wir zu wahrem Glück kommen können: Punkt 1: Alle Dinge entstehen im Geist, sind unseres mächtigen Geistes Schöpfung. Rede mit unreinem Geist, handle mit unreinem Geist, und Leiden wird dir folgen, wie das Rad dem Fuß folgt, der den Wagen zieht. Punkt 2: Alle Dinge entstehen im Geist, sind unseres mächtigen Geistes Schöpfung. Rede mit reinem Geist, handle mit reinem Geist, und Glück wird dir folgen, wie der Schatten dem Körper folgt, und nicht weicht."

Der Buddha sprach über vier verschiedene Arten von Glück. Die erste wird ausgelöst durch Sinneskontakte. Laut Ayya Khema, einer buddhistischen Nonne, verweilen die meisten Menschen in diesem Glück. Die zweite Art wird als göttliches Glück bezeichnet und von einem solchen Menschen erfahren, der die vier göttlichen Verweilzustände, die auch als die Vier Noblen Tugenden bezeichnet werden, entwickelt hat: Liebende Güte, Mitgefühl, Mitfreude und Gleichmut. Dieser Zustand wird gerne mit dem Himmel auf Erden verglichen. Das Glück der Sammlung ist die dritte Art und entspringt der Meditation. Das größte Glück wird laut Buddha als das Glück der Einsicht in das reine Bewusstsein bezeichnet und ist unwiderruflich, weil die Einsicht auf die Vergänglichkeit, Unerfüllbarkeit und das Nicht-Selbst, die Buddhanatur gerichtet ist.[20] Diese Definition von Glück zeigt, dass wir, je mehr wir unseren Geist, unser Dasein und Bewusstsein durchdringen, desto glücklicher werden.

Die buddhistische Psychologie ist darauf angelegt, dass wir das Glück in uns selbst finden. Sie weiß, dass es sinnlos ist, sich an Glück zu klammern, dass uns durch andere Menschen oder materiellen Wohlstand gegeben wird. Sie weiß um die Vergänglichkeit von all dem, was uns momentweise, tageweise oder längerfristig scheinbar glücklich macht. Dieses Wissen bestätigen auch neuere Untersuchungen, die ergeben haben, dass Glück und Geld nur bis zu einem gewissen Grad miteinander zu tun haben. Geld macht nur solange glücklich, bis die Grundbedürfnisse gedeckt sind. Andere Forschungen haben gezeigt, dass die meisten reichen Menschen nur dann glücklich sind, wenn sie deutlich mehr besitzen als ihre Nachbarn. Auch scheint man sich an Reichtum schnell zu gewöhnen, so dass er langfristig nicht wirklich einen Weg zum wahren Glück bahnt. Wieder andere Untersuchungen zeigen auf, dass die deutschen Jugendlichen – etwa im Vergleich zu griechischen Gleichaltrigen – immer unglücklicher werden. Den deutschen Kindern geht es zwar materiell besser, aber sie sind auch isoliert. Auch wenn sie scheinbar mehr „Freunde" haben. Aber tatsächlich fehlen ihnen ein reales, stabiles soziales Netzwerk und menschliche Nähe.

Um aus uns selbst heraus glücklich zu werden, vermittelt die buddhistische Psychologie zahlreiche Übungen und Meditationen, die wir ohne großen Aufwand durchführen können. Sie unterstützen uns darin, ein Gefühl von Selbstwert, Resilienz, Wohlbefinden, Einsicht und innerem Frieden zu entwickeln und, damit einhergehend, dem Gefühl, bedingungslos glücklich zu sein. Es sind oft kurze Übungen, die wir in ihrer Wirksamkeit auf den ersten Blick vielleicht unterschätzen. Aber die erfahrungsabhängige Neuroplastizität hat gezeigt, dass solche Übungen nach und nach unser Gehirn umstrukturieren und uns helfen stabiler, entspannter und glücklicher zu werden.

Die Grundlage der buddhistischen Psychologie ist, dass wir uns selbst Gutes und Glück wünschen, weil dann alles, was wir für uns selbst tun, auch für andere zu einer tiefen Kraft wird. Das Potenzial dazu besitzt jeder von uns. Unser Gehirn und unseren Geist! Wenn wir sie nutzen, werden wir inneres Glück erfahren. Und das kann uns im Gegensatz zu äußerem Wohlstand niemand nehmen!

Sammeln Sie die Momente des Glücks

Glück kann man nicht durch große Anstrengung
und Willenskraft finden, es ist bereits da,
wenn wir uns entspannen und loslassen.
– LAMA GENDÜN RINPOCHE –

ÜBUNG: Jedem Menschen wohnt ein tiefes, natürliches Glück inne. Auch Ihnen! Erinnern Sie sich an eine Situation in Ihrem Leben, in der Sie besonders glücklich waren. Atmen Sie dieses Gefühl tief ein. Verankern Sie es in Ihren Zellen. Dann wird es schneller mit Ihrem Glück in Resonanz kommen und schwingen.

Die meisten von uns haben ihre Schwierigkeiten damit, glücklich zu sein. Das Negative nehmen wir unmittelbar wahr. Regnet es, beschweren wir uns über das kalte Nass. Scheint dann am darauffolgenden Tag endlich die Sonne, dann ist es uns zu warm. Nimmt uns jemand den Parkplatz weg, kann das unsere Laune in den Keller katapultieren. Bekommen wir nicht sofort das, was wir uns wünschen, reagieren wir mit Ärger. Aber all die guten Dinge, die in unserem Leben passieren, übersehen wir großzügig: Die Tatsache, dass wir in einem Land leben, in dem es keinen Krieg gibt, nehmen wir als selbstverständlich hin. Dass es ein großes Glück ist, zu jeder Tageszeit etwas zu essen zu bekommen, ist den meisten Menschen nicht bewusst. Das Privileg, Krankenhäuser zu haben und sofort eine medizinische Versorgung zu erhalten, ist uns ebenfalls nicht bewusst. Stattdessen registrieren wir immer sofort das, was nicht stimmt, was fehlt oder wo irgendjemand oder irgendetwas Mängel aufweist.

Sollten auch Sie einen so genauen Blick für das Negative haben, hängt das damit zusammen, dass Ihr Gehirn – wie alle anderen Gehirne – von Natur aus eine Vorliebe für negative Erfahrungen hat, weil es vor langer Zeit für unser Überleben wichtiger war, Stöcke und Löwen zu bemerken, als sich an blühenden Blumen zu erfreuen.

Zum Glück kann die Achtsamkeit Ihnen hier helfen, weil Sie durch sie bemerken, worauf Sie Ihren Fokus richten. Schnell werden Sie dann übrigens selbst feststellen, wie sehr wir uns innerlich dagegen wehren, angenehme Erfahrungen zu machen, durch die wir glücklicher werden. Oftmals schießt uns unbewusst ein Gedanke dazwischen und erklärt uns, dass wir es eigentlich gar nicht verdient haben, glücklich zu sein. Oder dass Sie meinen, erst etwas dafür leisten zu müssen. Wenn Sie unsere christlichen Wurzeln betrachten, ist das auch kein Wunder. Schließlich sind wir ja dem christlichen Verständnis nach von Haus aus Sünder. Auch wenn diese Wurzeln zwar augenscheinlich nicht mehr so wirksam sind, so haben sie doch ganz subtile Auswirkungen auf uns.

Sobald Sie bemerken, dass es Ihnen schwerfällt, Momente, in denen das Glück Sie durchströmt, anzunehmen, sollten Sie sich wieder der schönen Erfahrung zuwenden und versuchen, sie mit all Ihren Sinnen wahrzunehmen und Ihren Geist davon erfüllt sein zu lassen. Und sobald Sie bemerken, dass irgendetwas in Ihnen wieder anfängt zu kommentieren, dass Sie es nicht verdient haben, glücklich zu sein, wenden Sie sich erneut der schönen Erfahrung zu. Immer und immer wieder. Und nach Möglichkeit jedes Mal ein bisschen mehr, denn je länger Sie die Aufmerksamkeit darauf richten und je stimulierender dies emotional für Sie ist, desto mehr Neuronen werden aktiviert, vernetzen sich und vertiefen diese Erfahrung in unserem Gehirn[21]. Dies bedarf einer großen Achtsamkeit, denn alte Denk- und Verhaltensmuster haben sich sehr tief in unser Gehirn eingegraben und es erfordert sehr viel Aufmerksamkeit von uns, neue Wege zu ebnen. Aber je häufiger Sie den Blick auf das Positive richten, desto leichter wird es Ihnen fallen, sich an den Zustand des Glücks zu erinnern und dieses Gefühl aufrechtzuerhalten. Jeder von uns hat es verdient, glücklich zu sein. Auch Sie.

Öffnen Sie sich für Ihr Glück

Es gibt keinen Weg zum Glück,
glücklich zu sein ist der Weg.
– BUDDHA –

ÜBUNG: **S**agen Sie sich immer wieder mit einem Lächeln auf den Lippen: „Ich bin glücklich!" Sie haben es verdient! Unabhängig davon, was Sie leisten. Wiederholen Sie den Satz immer wieder. Es ist der erste Schritt, tiefes Glück zu kultivieren – sich frei von äußeren Umständen zu machen.

Wir alle streben nach Glück. Aber wissen wir alle eigentlich genau, was wir unter diesem Wunsch verstehen? Der buddhistische Mönch Matthieu Ricard bezeichnet Glück „als ein Lebensgefühl, einen Aspekt der Wirklichkeit, von dem die Qualität jedes einzelnen Augenblicks in unserem Leben abhängt" und beschreibt damit das bedingungslose Glück, das wir nur aus uns selbst heraus erlangen können. Für manche

Menschen hingegen ist Glück aber nicht mehr als „ein momentanes, flüchtiges Gefühl, dessen Intensität und Dauer von der Verfügbarkeit jener Ressourcen abhängt, die es ermöglichen."[22] Damit ist aber genau jenes Glück gemeint, das wir durch äußere Umstände erlangen, und das wieder vergeht – wie alles im Leben.

Wie auch immer Sie Glück definieren, es ist ein wichtiger Aspekt, dass es sich dabei um ein Gefühl handelt, bei dem Sie vorübergehend den Fokus weglenken von negativen Gedanken, Gefühlen oder Körperempfindungen hin zu einem Gefühl des Einklangs mit sich selbst, der Natur und der Welt. Man ist vollkommen offen für das, was gerade passiert. Manchmal ist es nur für den Bruchteil einiger Sekunden, mal für länger: Und alle Gedanken an die Vergangenheit und angstvolle Vorstellungen bezogen auf die Zukunft sind verschwunden. Der Geist verweilt stattdessen vollkommen im gegenwärtigen Moment, zufrieden mit dem, was ist, ohne etwas haben zu wollen oder etwas abzulehnen. Natürlich handelt es sich hierbei immer noch nur um Glücksmomente, die erreicht werden, wenn bestimmte äußere Umstände eingetreten sind. Aber es ist zumindest ein erster Schritt in die richtige Richtung hin zu jenem Glück, das keinem Wandel unterworfen ist. Diese kurzen Glücksmomente werden Ihnen einen ersten Geschmack davon vermitteln und Ihnen helfen zu erkennen, welche Umstände dies begünstigen. Wissen Sie erst einmal, was Ihnen nicht gut tut und Sie an Ihrem Glück hindert, haben Sie bereits einen wichtigen Schritt in Richtung Glück getan.

Jede Sinneserfahrung und der damit verbundene Bewusstseinsmoment löst in unserem Geist bestimmte Qualitäten wie Sorge, Aufregung, Stolz etc. aus. Laut Jack Kornfield entstehen diese Qualitäten zwischen den Sinnen und dem Bewusstsein und verleihen einer Erfahrung ihren ganz bestimmten Ausdruck. Es sind die Geisteszustände, die darüber entscheiden, ob wir Glück erfahren oder unglücklich sind. Wenn Sie sich in der Meditation der Beobachtung Ihrer Gedanken zuwenden, dann werden Sie vermutlich erkennen, dass Sie weitaus mehr unheilvolle und somit destruktive Gedanken wie Abneigung, Kritik, Angst, Hochmut, Ärger oder ähnliches denken als solche, die glücklich machen wie Achtsamkeit, Freude, Klarheit, Gleichmut und Freundlichkeit. Diese verschiedenen Geisteszustände werden in heilvolle und unheilvolle unterteilt. Zu den unheilvollen Zuständen zählen solche, die uns davon abhalten, Glück zu empfinden, wie zum Beispiel Sorgen, Sturheit, Gier, Hass, Geiz, Schamlosigkeit oder Dumpfheit. Achten Sie in Ihrer Meditation genau auf die Qualität Ihrer Gedanken und versuchen Sie, glücksbringende Gedanken zu kultivieren.

Kultivieren Sie Ihr Glück

Das Glück außerhalb von uns selbst zu suchen
gleicht dem Warten auf Sonnenschein
in einer nach Norden gelegenen Höhle.
– TIBETISCHES SPRICHWORT –

ÜBUNG: **B**enennen Sie vor dem Schlafengehen mindestens zehn Dinge, die Sie heute glücklich gemacht haben: gute Musik im Radio, Elektrizität, Sonnenaufgänge, ein funktionierendes Auto, ein offenes Ohr oder ein Mensch, der Sie liebt. Verweilen Sie bei dem guten Gefühl, das dadurch in Ihnen ausgelöst wird.

Neuropsychologen wie Rick Hanson werden nicht müde, darauf hinzuweisen, was für ein enorm großes Potenzial wir besitzen, weil wir in der Lage sind, bewusst Entscheidungen zu fällen. Dadurch können Sie auch Ihren Geist und Ihr Gehirn ganz neu ausrichten und glücklich werden. Allerdings braucht dies eine bewusste Entscheidung, weil der Geist evolutionsgeschichtlich die Tendenz hat, das Negative zu fokussieren, um das eigene Überleben zu sichern. Allein deshalb entwickelten sich in unserem Gehirn neuronale Netzwerke, die ständig nach Bedrohungen, Verlusten und Verletzungen durch unsere Umgebung gesucht haben, unmittelbar darauf reagierten, sie abspeicherten und sich sehr schnell und sehr genau daran erinnerten.

Aber wenn Sie es wollen und es über Jahre hinweg versuchen, dann können Sie Ihre Gedanken bändigen, negativen Gefühlen Einhalt bieten und positive nähren, und dann werden Ihre Bemühungen Früchte tragen. Auch wenn Sie es anfangs nicht glauben können. Aber nach und nach werden Sie am eigenen Verhalten, am eigenen Denken und am eigenen Körper spüren, dass Sie entspannter, gelassener und dadurch glücklicher werden. „Im Hinblick auf körperliche Leistungen stoßen Sie schnell an Grenzen, aber der Geist ist weit flexibler. Wieso sollte es beispielsweise Grenzen für Liebe und Mitgefühl geben?"[23], schreibt der buddhistische Mönch Matthieu Ricard und weiß aus eigener Erfahrung, wie sehr wir die Ausrichtung unseres Geistes beeinflussen können, wenn wir es nur wollen.

Achten Sie immer wieder ganz bewusst auf die guten Dinge in Ihrem Leben. Erfreuen Sie sich besonders an den liebevollen Gesten Ihrer Mitmenschen und den erfüllenden Momenten in der Natur. Öffnen Sie Ihr Herz dafür. Dann werden Sie nach und nach glücklicher und sind mehr im Frieden mit der Welt und mit sich selbst.

Machen Sie anderen Menschen eine Freude

Das eigene Glück ist mit dem der anderen untrennbar verbunden.
– DALAI LAMA –

ÜBUNG: Machen Sie heute einem anderen Menschen eine Freude. Vielleicht sogar anonym. Geben Sie im Café jemandem sein Getränk aus, ohne sich zu zeigen. Machen Sie Komplimente oder erfreuen Sie andere Menschen durch ein Lächeln oder eine kleine Aufmerksamkeit.

In seinem Buch „Glück" beschreibt der buddhistische Mönch Matthieu Ricard eine Studie, die an der Uni Manchester durchgeführt wurde: Gleich neben der Universität liegt ein Mann direkt neben einem Weg, an dem viele Menschen vorbeigehen, auf dem Rasen. Es ist offensichtlich, dass er sich unwohl fühlt. Nur jeder Siebte, der an ihm vorbeigeht, schaut nach, ob es sich um einen Notfall handelt.

Wenig später liegt der gleiche Mann in einem Trikot des FC Liverpool am Boden. Es ist der Verein, der viele Studenten dieser Uni zu seinen Fans zählt. Dieses Mal bleiben 85 % der Passanten stehen, um sich zu erkundigen, ob sie etwas für ihren Kumpel tun können. Am Ende des Weges hat das Forschungsteam den Menschen Fragen gestellt, egal ob sie ihm geholfen haben oder nicht. Deutlich wurde durch diese Untersuchung – und durch andere – aber, dass unsere Hilfsbereitschaft sehr stark durch ein Gefühl der Zusammengehörigkeit beeinflusst wird. Es hat sich herausgestellt, dass wir einem Freund, Familienangehörigem oder jemandem, mit dem wir etwas gemeinsam haben, wie beispielsweise die gleiche Hautfarbe oder Religion, viel eher zu helfen bereit sind als jemandem, der uns vollkommen fremd scheint.

Der Buddhismus weiß um dieses Phänomen und versucht deshalb das Zusammengehörigkeitsgefühl durch bestimmte Praktiken auszuweiten. Deshalb werden buddhistische Lehrer nicht müde zu erwähnen, dass wir im Innersten alle den gleichen Kern haben und alle Wesen auf einer grundlegenden Ebene denselben

Wunsch hegen, nämlich Leid zu vermeiden und Glück zu erfahren. Dieses Wissen gilt es zu verinnerlichen.[24]

Weitere Untersuchungen haben ergeben, dass Glück und Hilfsbereitschaft bzw. Altruismus in engem Zusammenhang stehen. Die Menschen, die am selbstlosesten waren, waren zugleich die glücklichsten.[25] Diese Erfahrung kennt wohl auch jeder von uns: Wenn wir einem Menschen ein Geschenk machen und das Strahlen in seinen Augen sehen, dann sind wir selbst glücklich. Sind wir glücklich, tritt auch unsere Selbstbezogenheit in den Hintergrund, wir spüren die Verbundenheit mit anderen und sind dann automatisch offener für sie. Auch hier haben Untersuchungen ergeben, dass Menschen, die in einer vorangegangenen Stunde etwas Beglückendes erlebt hatten, eher geneigt waren, fremden Menschen zu helfen.[26] Und andersherum sind Menschen, die unzufrieden mit sich selbst sind, nicht in der Lage, anderen Menschen Liebe zu geben.

Buddha wusste, dass Selbstbezogenheit und Egoismus der Hauptgrund für unser Leid sind. Im Gegensatz dazu ist altruistisches Verhalten die wichtigste Voraussetzung für wahres Glück. Es heißt sogar, dass die Freude an einer Tat, die Ausdruck von uneigennütziger Güte ist, bei demjenigen, der gibt, ein tiefes Gefühl von Zufriedenheit und Glück hinterlässt. Der Dalai Lama sagt, dass wir das größte Glück erfahren, wenn wir ohne Erwartung einer Gegenleistung geben und auch nicht im Gegenzug Liebe oder Zuneigung fordern.[27]

Aus diesem Grund ist eine Übung wie diejenige, einem anderen Menschen im Café ein Getränk zu spendieren, ohne dass er von uns weiß, eine große Übung. Sind Sie dabei achtsam, dann können Sie erkennen, wie unser Geist darauf reagiert, wenn Sie bedingungs- und absichtslos geben. Probieren Sie es aus. Und erfreuen Sie sich daran, dass Sie einen anderen Menschen glücklich gemacht haben.

MITGEFÜHL KULTIVIEREN

Mitgefühl spielt im Buddhismus eine zentrale Rolle und stellt eine der sogenannten Vier Noblen Tugenden dar. Diese sind Liebende Güte, Mitgefühl, Mitfreude und Gleichmut[28]. Wie wichtig die Praxis des Mitgefühls ist, lehrte der Buddha neben all seinen Schülern auch seinem Sohn Rahula: „Rahula, übe dich in liebender Freundlichkeit, um Ärger zu überwinden. Liebende Freundlichkeit hat die Fähigkeit, einem anderen Glück zu bringen, ohne etwas als Gegenleistung zu verlangen. Übe dich in Mitgefühl, um Grausamkeit zu überwinden. Mitgefühl hat die Fähigkeit, Andere von ihren Leiden zu befreien, ohne dafür eine Gegenleistung zu erwarten. Übe dich in Mitfreude, um Hass zu überwinden. Mitfreude entsteht, wenn wir uns an der Freude anderer erfreuen und wenn wir ihnen Glück und Freude wünschen. Übe dich in der Nicht-Anhaftung, um Vorurteile zu überwinden. Nicht-Anhaftung ist das offene, unvoreingenommene Schauen auf die Dinge; Schauen auf die Dinge, wie sie sind. Ich bin nicht unterschiedlich von allem Anderen. Verwerfe niemals eine Sache, nur um einer anderen hinterher zu laufen. Ich nenne diese Vier die Vier Noblen Tugenden[29]. Übe dich in ihnen und du wirst eine erfrischende Quelle der Vitalität und des Glücks für andere sein."[30]

Laut Master Han Shan sind die Vier Noblen Tugenden genauso in uns angelegt wie Wut, Hass, Eifersucht und Gier.[31] Worauf wir unsere Aufmerksamkeit richten und welches Gefühl wir kultivieren, liegt ganz alleine an uns. Auch das sagt Han Shan. Er rät uns, wie auch andere buddhistische Lehrer, Mitgefühl zu praktizieren. Nur dann kann es sich – im Gegensatz zu den negativen Eigenschaften – entfalten. Dass Mitgefühl in jedem von uns angelegt ist, haben Studien gezeigt: Kinder sind bereits mit knapp einem Jahr besorgt, wenn Menschen Zeichen des Leids zeigen, und wollen diese dann trösten.[32] Diese Studie bestätigt eine Untersuchung der Neurowissenschaft, die zeigt, dass jeder Mensch sogenannte Spiegelneuronen im Gehirn besitzt, durch die wir mit anderen fühlen. Spiegelneuronen werden als eine Art Mechanismus im Gehirn bezeichnet, der dem

Prinzip der Empathie folgt: Ich fühle dich in mir. Die Studie machte deutlich, dass dieselben Gehirnzellen aufleuchten, wenn man selbst mit einer Nadel in den Finger gestochen wird oder mit ansieht, wie ein anderer gestochen wird. Wir zucken ja zusammen, wenn jemand sich den Kopf anschlägt, weil wir wissen, wie sich dieser Schmerz anfühlt. Die Wissenschaften haben weiter herausgefunden, dass genauso wie unser Gehirn eine Art Grammatikkern besitzt, der uns darin unterstützt, die komplexen Strukturen der Sprache zu erlernen, es möglicherweise einen Kern in uns gibt, der die neurologischen Grundregeln für Mitgefühl enthält.[33] Auch wenn Mitgefühl ganz natürlich in uns angelegt ist, „so können wir es auch bewusst kultivieren", so der Buddha, „um unseren Geist von Härte und Grausamkeit zu befreien."

Auch der Dalai Lama betrachtet Mitgefühl als ein wichtiges Mittel, um Glück zu erlangen: „Mitgefühl stellt eine wahre Quelle des Glücks dar. Wenn wir ein vertrautes, warmherziges Gefühl für andere kultivieren, wird das unseren Geist automatisch in einen entspannten Zustand versetzen, unsere Ängste und Verunsi-

cherungen beseitigen helfen und uns die Kraft
verleihen, jegliche Hindernisse zu überwinden,
denen wir begegnen werden. Mitgefühl ist die
höchste Quelle des Erfolgs in unserem Leben.
Ich bin davon überzeugt, dass der Schlüssel zu
einer glücklicheren und erfolgreicheren Welt
in der Entwicklung und Kultivierung von Mitgefühl liegt: auf persönlicher und familiärer
Ebene, auf gesellschaftlicher, nationaler und
globaler Ebene."[34]

Für Buddha gab es drei Haltungen von Mitgefühl und eine ohne:

1. Mitgefühl nur für sich selbst.

2. Mitgefühl nur für andere.

3. Mitgefühl gleichermaßen für sich selbst
   wie für andere.

4. Kein Mitgefühl für sich und andere.[35]

Die Basis stellt also ein gesundes Maß an Mitgefühl für uns selbst dar. Denn auch wir selbst
sind menschliche Wesen, denen das Potenzial
für Glück und Leid innewohnt. Geht es uns
selbst nicht gut, müssen wir auf uns Acht geben, auf die Bedürfnisse unseres Körpers hören

und Pausen machen. Sonst können wir nicht regenerieren. Natürlich sollten wir Acht geben, dass wir nicht nur noch um uns, unsere eigenen Gefühle, Bedürfnisse und Probleme kreisen. Die Introspektion und der Blick auf das eigene Leid oder Wohlergehen werden dann zu einem vorherrschenden Faktor in unserem Leben und verstellen uns die Sicht auf das Wesentliche, sodass wir uns selbst gar nicht mehr in einem größeren Zusammenhang sehen.

Haben wir hingegen ein offenes Herz nur für die anderen, werden wir irgendwann frustriert, wütend und erschöpft sein. Wut kann dann entstehen, wenn wir unsere eigene Kapazität – das Leid anderer auszuhalten – übersteigen. Altruismus ist eine wundervolle Eigenschaft, aber nur dann, wenn sie nichts kompensiert. Am ausgewogensten ist – laut Buddha – die dritte Haltung, für sich selbst genauso viel Mitgefühl zu empfinden wie für andere. Gelingt uns die Kultivierung dieser Geisteshaltung, empfinden wir wahres Mitgefühl. Solange wir nämlich nur für solche Menschen Mitgefühl empfinden, mit denen wir uns verbunden fühlen, weil wir mit ihnen befreundet sind oder zum Beispiel zur gleichen Religion gehören, sind wir noch nicht wirklich mit unserem Herzen und dem reinen Bewusstsein – wo es keine Unterschiede mehr gibt – in Kontakt. Dort gibt es kein besser und kein schlechter.

Mitgefühl mit sich selbst haben

*Urteile nicht hart über dich selbst.
Ohne Erbarmen mit uns selbst sind wir außerstande,
die Welt zu lieben.*
– DALAI LAMA –

ÜBUNG: Richten Sie Ihr Mitgefühl ganz bewusst auf sich selbst. Öffnen Sie Ihr Herz für sich selbst. Seien Sie gut zu sich! Wünschen Sie sich selbst etwas Gutes. Sagen Sie sich: „Möge ich glücklich sein" oder „Möge ich gesund sein", „Möge ich sicher sein." Sollten Sie mit diesen Sätzen nicht so viel anfangen können, dann können Sie auch nach einer Alternative suchen, die zu Ihnen passt. Zum Beispiel: „Möge ich frei sein von Leid." „Möge ich frei sein von Schmerz". Vielleicht haben Sie aber selbst eine Aussage, die Ihnen persönlich passender erscheint.

Ein Mensch, der Mitgefühl für sich selbst empfindet, geht gelassener und entspannter durchs Leben, als jemand, der sein eigenes Herz nicht für sich selbst öffnen kann.

Es bedarf einiger Übung, sich selbst mit Mitgefühl zu beschenken, aber Sie werden bald schon merken, wie viel leichter das Leben wird. Mit Mitgefühl für sich selbst erreichen Sie viel mehr, als Ihnen bewusst ist. Sie werden unabhängiger von äußeren Umständen oder anderen Menschen und in Ihnen wird der Impuls wachsen, etwas für das Wohl aller Wesen beizutragen. Wie aber kann es uns gelingen, dass unser Wohlwollen für uns selbst zunimmt und unsere Ungeduld, unser Hass, unsere Zweifel, unsere Schuldzuweisungen uns selbst gegenüber abnehmen? Die Antwort ist einfach. Üben. Üben. Üben. Unser Herz für uns selbst und auch im Angesicht vom Leid anderer offen zu halten, erfordert eben genau diese kontinuierliche Übung – und damit einhergehend eine große Portion Geduld. Selbst der Dalai Lama musste lernen, wie man Mitgefühl entwickelt: „Man kann Mitgefühl nicht durch Knopfdruck herbeizaubern ... Als ich fünfzehn oder zwanzig Jahre alt war, war ich ziemlich aufbrausend", schreibt das tibetische religiöse Oberhaupt in seinem Buch „Im Einklang mit der Welt". „Aber durch mein buddhistisches Training und durch schwierige Erfahrungen ist es mir gelungen, mein mentales Gleichgewicht zu stabilisieren. Schwierige Erfahrungen sind eine gute Schule für den Geist. Sie helfen uns, eine Art innere Entschlossenheit zu entwickeln ... Durch Übung können wir uns verändern."[36]

Die Praxis des Mitgefühls beginnt damit, sich darin zu schulen, aufrichtig, liebevoll und mitfühlend zu sich zu sein und sich selbst aus tiefstem Herzen anzunehmen, mit *allen* Licht- und Schattenseiten. Statt sich selbst zu verachten, sich selbst immer und immer wieder zu verurteilen, anzuklagen und sich schuldig und unzulänglich zu fühlen, beginnen Sie damit, Freundlichkeit und bedingungslose Liebe sich selbst gegenüber zu kultivieren. Wie heilsam es ist, wenn Sie für sich selbst Mitgefühl haben, haben wissenschaftliche Untersuchungen gezeigt: Sie produzieren dann weniger Stresshormone wie z.B. Cortisol und stärken dadurch auch die eigene Resilienz.[37]

Mitgefühl für sich selbst zu empfinden ist wahrscheinlich eine der schwersten Übungen überhaupt auf dem spirituellen Weg, aber es ist auch der wichtigste Weg. Ein erster Schritt barfuß in dieser Richtung ist, sich selbst einzugestehen, dass Sie nicht perfekt sind. Erlauben Sie sich, Fehler zu machen! Erkennen Sie an, dass Sie auf dem Weg sind! Machen Sie sich bewusst, dass selbst ein Dalai Lama dafür seine Zeit brauchte. Der Weg zu mehr Mitgefühl für sich selbst ist ein langer Weg! Es ist auch ein anstrengender Weg. Ein Weg, auf dem es oftmals zwei Schritte vor und drei zurückgeht. Gestehen Sie sich immer wieder ein, auch Fehler machen zu dürfen. Vielleicht sind Sie sich selbst gegenüber in einer Weise ungnädig, die jedes gesunde und nützliche Maß übersteigt. Vielleicht sind Sie auch übertrieben ungerecht und kritisch mit sich selbst. Ändern Sie Ihre Haltung sich selbst gegenüber. Üben Sie Mitgefühl mit sich selbst. Sie haben es verdient!

Mitgefühl für Menschen in Not

Liebe und Mitgefühl vertreiben jede Lebensangst,
denn sobald wir diese beiden Qualitäten des Geistes
entwickeln,
wächst unser Selbstvertrauen und die Angst schwindet.
– DALAI LAMA –

ÜBUNG: **N**ehmen Sie heute jene Menschen in Ihr Bewusstsein, die in Not sind, in Kriegsgebieten oder anderen Gefahren leben. Machen Sie sich bewusst, wie sehr diese Menschen leiden. Wünschen Sie ihnen Gutes, während Sie die folgende Zeile mehrere Male wiederholen: „Mögest du frei sein von Leid."

Die Eigenschaft, die Menschen wie den Dalai Lama oder Thich Nhat Hanh antreibt, ist unendliches Mitgefühl für alle Wesen in diesem Universum. Wie aber fühlt es sich an, offen für das Leiden anderer zu sein, ohne in Mitleid zu versinken? Der buddhistische Lehrer James Baraz hat hierfür eine ebenso schöne wie bedeutungsvolle Definition in buddhistischen Schriften gefunden: „das Beben des Herzens als Reaktion auf Leiden". Mitgefühl impliziert den tiefsten innersten Wunsch, dass *alle* Wesen frei von Leid sein mögen. Der Kern des Mitgefühls wird gebildet durch das Wissen, dass alle im ganzen Universum miteinander verbunden sind und wir selbst nur wirklich glücklich sein können, wenn *kein* einziges anderes Wesen mehr leidet. „Das Leiden eines anderen Menschen ist mein Leiden", schreibt Baraz, „und wenn ich jemanden leiden sehe, dann bebt mein Herz."[38] Mitgefühl für andere Menschen zu haben, bedeutet, sich vollkommen für das Leid anderer zu öffnen, ohne in Mitleid zu verfallen. Mitgefühl bedeutet auch, dem anderen mit einem offenen Herzen zu begegnen. Es heißt, berührbar zu werden. Offen zu sein.

Natürlich können Sie das Leid in der Welt nicht auf Ihre Schultern nehmen, aber es ist schon ein wichtiger Schritt, wenn Sie sich bewusst machen, dass alle Wesen in diesem Universum miteinander verbunden sind und das Leid anderer Menschen auch Ihr eigenes Leid ist. Nehmen Sie diesen Gedanken mit in Ihren

Alltag und öffnen Sie sich für diese Tatsache, dann kann sich die Beziehung zwischen anderen Menschen und Ihnen grundlegend zum Positiven hin ändern. Noch mehr ändern Sie, wenn Sie zum Beispiel kranke Menschen oder Menschen in Not – zum Beispiel solche, die in Kriegs- oder Krisengebieten leben – mit in Ihre Meditation und dort in Ihr Herz nehmen. Untersuchungen haben ergeben, dass kranke Menschen, für die gebetet wurde, schneller gesund wurden als solche, an die niemand gedacht hat. Das ist ein Beweis dafür, dass es sich lohnt, anderen Menschen Ihr Mitgefühl zu schenken.

Gutes tun

Wenn Sie die Übung des Mitgefühls vertiefen möchten, dann können Sie für jeden Menschen Gutes tun, der Ihr Mitgefühl erweckt. Tun Sie etwas Gutes, ohne es an die große Glocke zu hängen. Tun Sie es. Einfach so. Ohne etwas dafür zu erwarten. Tun Sie es anonym. Beginnen Sie mit kleinen Handlungen, die etwas Großes im anderen bewirken: Heben Sie den Abfall auf der Wiese im naheliegenden Park auf. Geben Sie die Parklücke, die Sie angesteuert haben, an Ihren Hintermann auf der Straße ab, hinterlassen Sie eine Tafel Schokolade bei Ihrem Nachbarn, ohne dass Sie dabei gesehen werden. Spendieren Sie einem Menschen anonym in der Kinoschlange eine Karte. Verschicken Sie etwas Geld an einen Menschen, dem es schlecht geht, ohne dass Ihr Absender auf dem Umschlag steht. Genießen Sie das Gefühl, das dadurch in Ihrem Geist und Ihrem Herzen entsteht!

Mitgefühl für Menschen,
mit denen wir Schwierigkeiten haben

Können wir jemanden hassen,
der Sklave seiner eigenen verstörenden Emotionen ist,
anderen schadet und sich schließlich selbst zugrunde richtet?
Verdient er nicht eher unser Mitgefühl?

– DALAI LAMA –

ÜBUNG: Bringen Sie heute in Ihrer Meditation Ihr Mitgefühl einem Menschen entgegen, mit dem Sie Schwierigkeiten haben. Machen Sie sich bewusst, dass auch dieser Mensch in seinem tiefsten Inneren verletzt, übersehen oder vielleicht sogar missbraucht worden ist. Er ist vielleicht genauso verletzt worden, wie Sie selbst, kann es aber nicht zeigen. Wünschen Sie ihm Gutes und wiederholen Sie im Stillen die Zeilen: „Mögest du glücklich sein. Mögest Du frei sein von Leid. Mögest Du sicher sein."

Mitgefühl für andere Menschen können Sie lernen. Bei diesem Lernen geht es darum, dass Sie achtsam sind und Ihre eigenen Automatismen registrieren und erkennen, wie oft Sie ungerechtfertigterweise über einen Menschen urteilen oder wie schnell Sie einen Menschen ablehnen, ohne ihn überhaupt zu kennen! Mitgefühl für andere Menschen zu entwickeln, bedeutet, sich selbst und anderen Menschen gegenüber freundlicher zu sein, und auch die in Ihr Herz und in Ihr Bewusstsein mit aufzunehmen, die Sie normalerweise ignorieren, ablehnen, kritisieren. Mitgefühl für andere Menschen zu entwickeln bedeutet, dass Sie in anderen Menschen sehen, dass auch sie geliebt und gesehen werden wollen und dass auch sie eine leidvolle Geschichte haben und oft aus Unwissenheit handeln.

Wenn Sie kein Mitgefühl für die Menschen empfinden können, die Ihnen etwas Schlimmes angetan haben, dann ist es noch nicht an der Zeit, die Praxis des Mitgefühls für sie zu machen. Zwingen Sie sich nicht zu etwas, was Ihnen im Innersten widerstrebt. Üben Sie dann lieber weiterhin die Praxis des Mitgefühls für sich selbst oder Menschen, bei denen es Ihnen leicht fällt, sie mit Mitgefühl zu bedenken. Probieren Sie aber immer wieder mal aus, vielleicht in ein paar Monaten oder in einem Jahr,

ob Sie dann bereit sind, die Praxis des Mitgefühls auch auf jene Menschen anzuwenden, mit
denen Sie Probleme haben. Irgendwann wird
dafür der rechte Moment gekommen sein.

Mitgefühl für die Tiere

Lassen wir den Geist weit werden,
sodass unser Mitgefühl alle Wesen umfasst.
– DALAI LAMA –

ÜBUNG: Öffnen Sie heute in Ihrer Meditation Ihr Herz für alle Tiere, die gequält werden, etwa, weil die Kosmetikindustrie Versuche mit ihnen macht oder weil sie in Tiertransporten umkommen oder geschlachtet werden. Sagen Sie innerlich die Zeilen: „Mögen alle Tiere frei sein. Mögen alle Tiere ohne Angst sein. Mögen alle Tiere glücklich sein."

Wir sind mit allen Wesen in diesem Universum verbunden. Wenn wir uns für diese Tatsache öffnen, kommen wir nicht umher, die Praxis des Mitgefühls auch auf Tiere anzuwenden. Tiere sind Lebewesen genauso wie Sie und ich. Es sind Wesen, die genauso Schmerz und Leid, Glück und Freude empfinden wie Sie und ich.

Immer noch widersetzen sich Menschen der Tatsache, dass Tiere Lebewesen sind und fügen ihnen unendlich viel Leid zu. Alleine bei Tiertransporten leiden immer noch mehr als 400 Millionen Tiere jährlich. Transportzeiten von bis zu 29 Stunden mit Ladedichten, bei denen Tiere sich nicht hinlegen können, Durst, Hitze, Kälte, Verletzungen erleiden. Das alles müssen Millionen Tiere auf ihrem Weg zur Tötung erdulden. Von den oft so katastrophalen Verhältnissen während der Aufzucht ganz zu schweigen. Machen Sie sich bewusst, dass Tiere deswegen so leiden, weil Sie nicht auf Wurst oder Fleisch verzichten möchten.

Der vietnamesische Meditationslehrer Thich Nhat Hanh weist immer wieder darauf hin, dass die Praxis des Mitgefühls nicht damit endet, unser Herz für das Leiden anderer auf dem Meditationskissen zu öffnen. Dies ist natürlich ein löblicher erster Schritt. Aber dementsprechend auch zu handeln ist ein zweiter Schritt. Für Thich Nhat Hanh gehen wahres Mitgefühl und Handeln Hand in Hand. Werden Sie aktiv! Organisationen, die zum Wohle der Tiere handeln, gibt es genug. Praktizieren Sie eine Zeit des Fleischverzichtes. Nehmen Sie sich dafür einen Tag in der Woche, ein paar Tage im Monat oder vielleicht sogar einen ganzen Monat im Jahr vor, in dem Sie auf Wurst oder Braten verzichten. Mittlerweile gibt es zahlreiche köstliche Alternativen aus der vegetarischen oder der veganen Küche, die für eiweißhaltige Alternativen sorgen. Verzichten Sie aus Mitgefühl für die Tiere! Machen Sie sich bewusst, wie sehr diese Tiere leiden. Gehen Sie achtsamer und wertschätzender mit dem Konsum von Fleisch um und machen Sie sich bewusst, dass ein Tier sein Leben für Sie lassen musste. Stellen Sie sich vor, wie dieses Tier zur Tötung geführt wird, nur damit Sie ein frisches Stück Fleisch auf Ihrem Teller haben.

Im Buddhismus spielt das Prinzip der Gewaltlosigkeit eine zentrale Rolle. Ahimsa ist sogar das oberste Gebot. Es lässt sich unter anderem aus dem Edlen Achtgliedrigen Pfad ableiten, welcher die Grundlage jedes buddhistischen Weges darstellt. Das erste der Zehn Gebote für buddhistische Mönche und Nonnen ist „das Gebot der Enthaltung vom Töten lebender Wesen." In der ursprünglichen Lehre

Buddhas steht Gewalt dem eigenen Befreiungs-
und Erleuchtungsgedanken entgegen und nur
mit Gewaltlosigkeit können wir eine bessere
Wiedergeburt oder im besten Fall sogar Befreiung von Leid erlangen.

VERGÄNGLICHKEIT
IM BEWUSSTSEIN HALTEN

Das Bewusstsein um die eigene Vergänglichkeit spielt im Buddhismus – und auch in der buddhistischen Psychologie – eine zentrale Rolle. Dieser Aspekt war auch das Erste, worüber der Erwachte sprach. In seinem ersten Lehrzyklus über die Vier Edlen Wahrheiten lehrte Buddha, dass alles Zusammengesetzte auch wieder auseinanderfällt. Dabei bezog er sich sowohl auf die Vergänglichkeit der gesamten äußeren Welt wie Häuser, Straßen, Städte, als auch auf die des Menschen. Deshalb wies Buddha darauf hin, dass nur geistige Werte für uns von echtem Wert sind. Immer wieder lehrte er, dass die Menschen sich der eigenen Vergänglichkeit bewusst werden und bleiben sollen, um ein tiefgehendes und natürliches Verständnis davon zu erhalten.

Auch wenn es für die meisten von uns paradox klingen mag, aber mit dem Bewusstsein um die Vergänglichkeit leben wir leichter, intensiver und achtsamer. Ist es nicht so, dass die letzten Ferientage oft die intensivsten sind? Wir genießen den Strand, das warme Meer, die südländischen Köstlichkeiten noch einmal besonders, weil wir wissen, dass wir ein paar Tage später bereits wieder zu Hause im oft so grauen Alltag sind. Sind nicht auch die Umarmungen und Küsse einer Verabschiedung am Bahnhof besonders zärtlich und innig und beinhalten all unsere Liebe, besonders dann, wenn wir wissen, dass wir einander ein paar Wochen nicht mehr sehen werden? Momente des Abschieds rufen uns die Vergänglichkeit ins Bewusstsein. Sie sorgen dafür, dass wir im Angesicht einer Trennung ganz präsent sind. Wach sind. Achtsam sind.

Aber – so wie Buddha und auch zeitgenössische buddhistische Lehrer bereits erkannten – es scheint für den menschlichen Verstand sehr schwer zu sein, sich zu verdeutlichen, dass es in der linearen Zeit-Raum-Biografie eines jeden Menschen einen unumstößlichen Endpunkt in der materialisierten Form gibt. Jeder wird irgendwann sterben. Auch Sie. Und auch ich. „Auf der ganzen Welt gibt es keinen einzigen Menschen, der nicht über die Vergänglichkeit des Körpers Bescheid weiß", sagte Ayya Khema. „Trotzdem leben wir alle so, als beträfe die Vergänglichkeit uns nicht und grämen uns um jene, deren Körper bereits dem gesetzmäßigen Walten der Natur ihren Tribut zahlen musste, als ob das etwas ganz und gar Unerwartetes sei."[39] Blicken wir der Vergänglichkeit nicht mehr voller Angst und Sorge ins Gesicht, können wir darin eine Aufforderung erkennen, jeden Moment achtsam und bewusst zu leben. So, als wäre der gegenwärtige Moment der kostbarste Augenblick für uns hier auf dieser Erde. Mit dem Wissen, dass alles vergeht, wird es uns gelingen, nicht mehr länger krankhaft an dem festzuhalten, was wir begehren. Es ist genauso sinnlos, als würden wir versuchen, den Wind einzufangen.

Natürlich werden Sie nicht vermeiden können, sich mit anderen Menschen zu streiten. Halten Sie aber die Gegenwärtigkeit des Todes in Ihrem Bewusstsein, bekommt *jeder* Streit eine andere Qualität: Sie werden den Wunsch verspüren, sich schneller wieder zu versöhnen und eine Lösung zu finden! Lohnen sich ein

Streit um den stehen gelassenen Abwasch und ein Abend, an dem man in Folge dessen nicht miteinander spricht, wirklich, wenn man dafür kostbare Lebenszeit mit einem Gefühl des Ärgers verstreichen lässt? Ist das Leben nicht viel zu kostbar, und sind die Menschen, die Sie lieben, nicht viel zu wertvoll, als dass man im Unfrieden miteinander lebt? Im Angesicht der Vergänglichkeit kann Ihr ganzes Leben eine andere Qualität bekommen. Im Angesicht der Vergänglichkeit werden Sie achtsamer, bewusster und lebendiger.

Lassen Sie los! Werden Sie sich der Vergänglichkeit bewusst. Genießen Sie Ihr Leben. Jetzt. Hier und heute. Mit den Menschen, die Sie lieben! Vergeben Sie anderen Menschen. Öffnen Sie Ihr Herz. Hier und heute. Jetzt. Leben Sie leichter. Wer leichter leben kann, wird auch leichter sterben. Vielleicht schon morgen. Vielleicht erst in einem Monat. Vielleicht erst in einem Jahr. Ganz sicher aber irgendwann.

Halten Sie sich den Aspekt der Vergänglichkeit immer und immer wieder vor Augen. Dies ist wahrscheinlich eine der schwierigsten Übungen. Aber sie ist auch eine der vielversprechendsten: Nur wer loslässt, hat beide Hände frei. Nur wer die Vergänglichkeit in sein Herz nimmt, hat einen offenen und weiten Geist.

Freuen Sie sich, dass es vorbei ist

Alles Geschaffene ist vergänglich.
Strebt weiter, bemüht euch, unablässig achtsam zu sein.
– BUDDHA –

ÜBUNG: Erinnern Sie sich heute daran, was Sie in Ihrem Leben schon alles gemeistert haben! All den Liebeskummer, den Sie überstanden haben! All die Prüfungen, in die Sie voller Angst gegangen sind! Machen Sie sich bewusst, dass auch das Negative und Dunkle vergeht!

„Auch schlechte Zeiten gehen vorbei", heißt es. Wenn es Ihnen in stressigen, schmerzvollen, anstrengenden und leidvollen Zeiten gelingt, sich diese Weisheit vor Augen zu halten, dann werden Sie derzeitige Krisen leichter überstehen. Wann immer Sie im Begriff sind, in einem Gefühl von Selbstmitleid oder Resignation zu versinken, wiederholen Sie diese Weisheit innerlich wie ein Mantra. Immer und immer wieder. Sagen Sie es sich so oft, bis diese Wahrheit

Wirklichkeit wird. Diese Aussage kann Ihnen die Gelassenheit vermitteln, nicht vollkommen zu verzweifeln, sondern zu entspannen und dem Prozess der Wandlung zuzuschauen. Sie kann Ihnen dabei helfen zu erkennen, dass sich auch schwierige Zeiten wieder in leichtere wandeln werden.

Weisheiten wie diese können Ihnen eine gehörige Portion Zuversicht vermitteln. Lassen Sie doch einfach mal frühere Krisen an Ihrem inneren Auge vorbeiziehen. Auch solche, die weitaus schlimmer und wesentlich existenzieller waren als die, in der Sie sich gerade befinden. Dann wird sich dieser Spruch bestätigen. Ein solcher Blickwechsel kann es Ihnen möglich machen, schneller und gelassener durch diese Krise zu gehen. Entspannen Sie sich! Auch dann, wenn die Zeiten schwierig sind. Langfristig ist eine solche Haltung heilsamer, als wenn Sie sich permanent in emotionalen Kämpfen oder geistigen Dramen verlieren. Sie brauchen nichts weiter zu tun, als das Bewusstsein dafür entwickeln, dass auch die schwierigste, schmerzvollste, traurigste, anstrengendste oder angstvollste Situation einmal vorübergehen wird. Es klingt leichter als es ist, aber es ist möglich. Sie haben die Wahl.

Jeder Tag könnte der letzte sein

*Alles ist vergänglich
und deshalb leidvoll.*
– BUDDHA –

ÜBUNG: Egal, wie schön das Leben gerade ist, machen Sie sich trotzdem bewusst, dass auch Sie jeden Moment sterben können. Regeln Sie Ihre letzten Dinge wie Patientenverfügung und Testament. Klären Sie aber auch ausstehende Konflikte mit Menschen, die Ihnen wichtig sind.

Jeder Tag birgt unendlich viele kostbare Momente. Jeder Tag kann ein großes Geschenk für Sie sein. Eine Blume am Wegesrand, ein Sonnenuntergang, das Lächeln eines fremden Menschen oder die Berührung eines geliebten Menschen, das alles kann Sie an einem einzigen Tag mit tiefem Glück erfüllen. Genießen Sie diese Momente! Machen Sie nach Möglichkeit jeden Tag viele Erfahrungen, die Sie glücklich machen! Deswegen sind Sie überhaupt hier auf der Welt. Genießen Sie jede Tasse Tee, jedes Stück Brot, jeden frischen Apfel! Das alles sind Geschenke des Lebens an Sie!

Machen Sie sich bei all den Erfahrungen bewusst, dass dieser Tag der letzte in Ihrem Leben sein könnte! Machen Sie sich diese Tatsache bewusst, ohne sich von ihr verschrecken zu lassen. Nutzen Sie dieses Bewusstsein viel eher, um die Fülle, die Schönheit und die Magie des gegenwärtigen Moments mehr auszukosten.

Machen Sie sich die Kostbarkeiten bewusst, die dieses Leben für Sie bereithält. Und machen Sie sich gleichzeitig bewusst, dass Sie eines Tages – so wie alle anderen Menschen auf dieser Welt – sterben werden. Damit ist auch gemeint, sich der eigenen Gedanken bewusst zu werden. Der buddhistische Lehrer Han Shan sagte, dass das Leben eine Vorbereitung auf das eigene Sterben sei. Denn der Gedanke, den wir im Moment unseres Sterbens haben, wird maßgeblich unsere Wiedergeburt bestimmen. Der Buddha selbst verglich die letzten Gedanken vor dem Tod mit einer Herde von Kühen in einem Stall. Sobald die Türe geöffnet wird, geht die stärkste Kuh voran. Gibt es keine stärkste, dann tritt die Kuh heraus, die die Herde leitet. Gibt es auch keine solche, dann geht diejenige zuerst, die an der Türe steht, oder aber es treten alle gleichzeitig heraus. Damit gemeint ist, dass nach buddhistischer Auffassung die letzten Gedanken vor dem Tod die Wiedergeburt maßgeblich mitbestimmen.

Mit der Kultivierung von guten Gedanken brauchen Sie aber gar nicht bis zum Moment Ihres Todes in Hinblick auf ein neues Leben zu warten. Sind Sie achtsam, dann erkennen Sie, dass jeder Moment einzigartig ist und Sie sozusagen in jedem Moment neu geboren werden. Jeder Moment birgt die Chance eines Neuanfangs. Alleine das Erwachen am Morgen ist wie ein Neubeginn. Der vietnamesische Mönch Thich Nhat Hanh sagt hier immer: „Dir stehen heute 24 brandneue Stunden zur Verfügung!" Nehmen Sie diese Möglichkeit eines Neuanfangs und das Bewusstsein der Vergänglichkeit in sich auf und sind Sie entsprechend achtsam im Umgang mit Ihrer kostbaren Zeit und der besonderen Chance, als Mensch wiedergeboren worden zu sein, dann steht Ihnen mit jedem

Moment, mit jedem Tag eine unendlich große Chance zur Verfügung. Nutzen Sie diese Gelegenheit. Es wäre zu schade, sie verstreichen zu lassen. Denn auch das, was wir jetzt, in diesem Moment tun, hat Auswirkungen. Egal woran Sie glauben. Alles, was Sie tun und denken, wirkt sich auf unser zukünftiges Leben – das im nächsten Moment bereits beginnt – aus.

Nichts ist von Dauer

Spring!
– JOSEPH GOLDSTEIN –

ÜBUNG: Lassen Sie alte Gewohnheiten los und öffnen Sie sich für das Hier und Jetzt. Unterstützen Sie den natürlichen Wandel. Geben Sie Altes weg: Kleidung, angeschlagenes Porzellan, veraltete Einstellungen oder schal gewordene Träume. Machen Sie Platz für das, was Ihnen Ihrem heutigen Bewusstsein und Alter entsprechend gut tut. Öffnen Sie sich einmal ganz bewusst für etwas Neues. Gehen Sie einen anderen Weg zur Arbeit als sonst. Verbringen Sie Ihr Wochenende mal auf ganz unkonventionelle Weise. Probieren Sie einmal ein neues Yogastudio oder eine Ihnen unbekannte Meditationstechnik aus. Wählen Sie ganz bewusst ein Ihnen unbekanntes Gericht in Ihrem Lieblingsrestaurant. Lassen Sie sich von Ihrem Buchhändler inspirieren und lesen Sie seine Empfehlung.

Das Gefühl von Konstanz gibt uns ein vermeintliches Gefühl von Sicherheit. Wir glauben, an einem Ich und an einem Du festhalten zu können. Dabei ist nichts im Leben wirklich dauerhaft. Es heißt, dass sämtliche Zellen eines Körpers sich im Verlauf von sieben Jahren vollständig erneuert haben. Wo ist unsere Kindheit geblieben? Wo unsere Jugend? So erschreckend eine solche Erkenntnis sein kann, so birgt sie doch auch gleichzeitig sehr viele Möglichkeiten, nämlich das Leben selbstverantwortlich und erwachsen zu leben! Hierin liegt auch eine große Chance. Oftmals sind wir immer noch mit „alten" ungeklärten Anteilen in uns identifiziert: dem zu kurz gekommenen Kind, der vernachlässigten Tochter etc. Richten wir den Blick hingegen auf das, was wir heute sind, nämlich erwachsene Menschen mit dem Recht und der Pflicht, sich selbst zu verwirklichen, dann stehen uns unendlich viele Möglichkeiten zur Verfügung. Es ist einzig und alleine die Illusion der Beständigkeit, die dafür sorgt, dass wir an Menschen, Dingen, Erfahrungen und Gefühlen festhalten, egal wie sehr sie uns bei unserer eigenen Entwicklung geschadet haben.

Wir versuchen mit allen Mitteln, an der Vergangenheit festzuhalten. Egal wie negativ sie war. Egal wie sehr sie uns geschadet hat.

Die buddhistische Psychologie lehrt uns, dass es aber auch einen ganz anderen Umgang mit der Vergangenheit und der Vergänglichkeit gibt: Sie loszulassen und sich für die Möglichkeiten zu öffnen, die der gegenwärtige Moment für uns bereithält. Wenn Sie sich bewusst machen, dass Sie sich jeden Tag frei entscheiden können, wie Sie sich selbst sehen, dann kann Ihnen – wenn Sie sich für die unendlich vielen Möglichkeiten öffnen, die Ihnen das Leben präsentiert – die Welt zu Füßen liegen.

Zum Glück ist es für eine solche Haltungsänderung nie zu spät. Durch kleine Übungen, Achtsamkeit, Aufmerksamkeitsänderung sind Sie in der Lage, Ihr Gehirn und Ihren Geist zu verändern und im Angesicht der Vergänglichkeit schlechte Erfahrungen und schlechte Meinungen über sich selbst zu modifizieren. Allerdings braucht es Ihren Entschluss, sich von alten Gewohnheiten, negativen Verhaltensweisen und unheilvollen Gedanken zu lösen. Rick Hanson formuliert es treffend:

„Unter allen Faktoren, die zu Glück und Erfolg führen – wie die Gesellschaftsschicht, aus der jemand kommt, die Intelligenz, die Persönlichkeit, der Charakter, das Aussehen, Glück, Rasse, ist der Faktor, der normalerweise den größten Unterschied macht, die Beharrlichkeit. Wenn du zehnmal umfällst, stehst du zehnal wieder auf.“[40] Vielleicht sieht das Ziel, das Sie am Ende erreichen werden, ganz anders aus als das, was Sie sich vorgestellt haben. Selbst wenn Sie immer wieder barfuß zwei Schritte vor und einen zurück gehen, so ist dieses langsame und beharrliche Weitergehen viel heilvoller, als wenn Sie stehenbleiben und verharren würden.

Wir wissen nicht, wann unsere Bemühungen Früchte tragen werden. Irgendwann werden sie es tun. Wenn nicht in diesem Leben, dann – so die buddhistische Ansicht – spätestens in einem der nächsten Leben. Ist das nicht eine lohnenswerte Aussicht?!

DEN KLAREN RAUM DES
BEWUSSTSEINS ERFAHREN

Es war das Anliegen Buddhas, eines seinen Schülern zu vermitteln, nämlich dass es einen Weg aus dem Leid gibt. Dieser Weg besteht darin, dass wir alle unseren Geist in seinen bewussten, unbewussten, individuellen und kollektiven Dimensionen und in seiner Dynamik tiefer erforschen und verstehen, um zu erkennen, dass die Essenz unseres Bewusstseins klar, rein und unsterblich ist. Dieses Bemühen um ein tieferes Verständnis des eigenen Geistes dient niemals dem Selbstzweck, sondern es geht im Sinne Buddhas immer darum, Leid zu überwinden oder besser noch zu vermeiden, sowie Frieden und Glück für alle Wesen zu ermöglichen und zu fördern. Dies ist aber nur möglich, wenn wir unsere Sicht verändern – weg von den Inhalten des Bewusstseins hin zum klaren Raum des Bewusstseins. Dies ist auch das Anliegen der buddhistischen Psychologie, die sich im Vergleich zur westlichen Psychologie nicht in erster Linie auf die Inhalte des Ichs bezieht, sondern mit der Natur und dem Ursprung des Bewusstseins. Im Verlauf der Jahrtausende hat sie dies ausführlich in der Meditation erforscht und beschreibt es folgendermaßen: „In seinem natürlichen Zustand ist das Bewusstsein nackt, unbefleckt, klar, raumhaft, transparent, zeitlos und jenseits aller Bedingtheit", heißt es im Tibetischen Buch von der Großen Befreiung. „O edel Geborener, erinnere dich des klaren offenen Himmels deiner eigenen Natur."[41]

Die Transpersonale Psychologie, sowie der Dalai Lama, der dies in Zusammenarbeit mit vielen Mönchen und Wissenschaftlern systematisch erforscht, haben dazu beigetragen, dass die verschiedenen Ebenen des Bewusstseins langsam mehr Anerkennung erlangen. Natürlich spielt die Auseinandersetzung mit den Bewusstseinsinhalten in der buddhistischen Psychologie auch eine wichtige Rolle, denn so wissen besonders jene buddhistischen Lehrer, die auch als Therapeuten arbeiten, dass wir eine Auseinandersetzung mit unserer Biografie nicht umschiffen können. Gleichzeitig geht sie aber noch einen wesentlichen Schritt in ihrer Arbeit weiter und setzt sich damit auseinander, was das Bewusstsein an sich ausmacht, und wie es unabhängig von Inhalten funktioniert.

Diesen Aspekt zu leben, gehört wohl zu den größten Herausforderungen, weil wir den weiten und klaren Raum des Bewusstseins *nicht* über unseren Verstand erfassen können, sondern nur unmittelbar erfahren können. Die buddhistische Psychologie geht von zwei grundlegenden Aspekten des Bewusstseins aus: dem „klaren/absoluten" Bewusstsein, das offen, transparent, rein, zeitlos, unbegrenzt, offen und unsterblich ist. Und dem „unklaren/episodischen" Bewusstsein, das immer von der aktuellen Erfahrung gefärbt, flüchtig, bedingt ist und die aktuelle Sinneserfahrung registriert[42] und das wir in der Summe der Erfahrung für unser Ich halten. Die buddhistische Psychologie beschreibt das episodische Bewusstsein in Form von 121 verschiedenen Zuständen, die weit, eng, freudvoll, ängstlich etc. sein können. Sie möchte das klare Bewusstsein erlebbar machen, als etwas, das unabhängig vom linearen Raum-Zeit-Erleben, Objekten oder Inhalten existiert und funktioniert. Das Bewusstsein ist das, was die Erfahrung macht, ohne an Körperempfindungen, Gefühle und Gedanken gebunden zu sein. Es ist das, was weiß.[43] Für die meisten von uns ist es allerdings gleichermaßen so unfassbar und so selbstverständlich, dass wir es nicht fassen können.

Die westliche Psychologie konzentriert sich auf die Inhalte des Bewusstseins, auf die Erfahrungen, die wir über die körperlichen Empfindungen, über die Gefühle und die Gedanken machen. Unser Bewusstsein nimmt sämtliche Eindrücke auf, sobald wir etwas riechen, schmecken, fühlen, sehen und hören. Das passiert so blitzschnell, dass wir es gar nicht realisieren. Der erste Schritt in der buddhistischen Psychologie ist es, durch intensive Praxis der Achtsamkeit, der Beobachtung der eigenen Körperempfindungen, Gefühle, den Moment des Entstehens und Vergehens einer Erfahrung im Bewusstsein mitzubekommen und zu erkennen, dass es „nur" flüchtige Erlebnisse sind. Ein hilfreicher zweiter Schritt ist der, sich mit ebendiesen Erfahrungen nicht mehr zu identifizieren. Schließlich sind sämtliche Geistes-

und Gefühlszustände nur flüchtige Erscheinungen im Bewusstsein. Erfahren wir den weiten Raum des klaren Bewusstseins, dann erleben wir, dass wir nicht unsere körperlichen Empfindungen, Gedanken und Gefühle sind. Die Praxis der Achtsamkeit und Meditation zielt darauf ab, sich des eigenen Bewusstseins gewahr zu werden, ohne sich in die Erfahrungen verwickeln zu lassen. Durch diese Erfahrung werden wir frei und erkennen, dass wir viel mehr sind, nämlich ein weiter Raum, der mit allem verbunden ist, und gleichzeitig frei von allem ist. Es geht darum, mit unserem Geist die Funktionsweise des Geistes kennenzulernen. Es braucht viel Achtsamkeit, Geduld und Offenheit, die Beobachtungsgabe für den eigenen Geist zu entwickeln und diesen wertfrei wahrzunehmen und zu untersuchen.

Im Buddhismus bezeichnet man die unerschöpfliche Quelle von Ideen, Kreativität, Konzepten, geistigen Bildern, Lösungswegen als den „denkenden Geist". Bei genauer Betrachtung erkennen wir allerdings, dass eben dieser denkende Geist viel, viel mehr ist und zahlreiche Geisteszustände enthält, in die die

Denkprozesse eingebettet sind, nämlich all unsere Instinkte, unsere unterschiedlichen Stimmungen, verschiedenste Gefühle und unsere intuitiven Einsichten. Ja, dieses Bewusstsein ist überhaupt ein ganz zentraler Faktor unseres Daseins. Dieses klare Bewusstsein ist die Grundvoraussetzung für unser Leben. Unser Körper interagiert zwar mit dem Bewusstsein, ist aber nicht seine Quelle und existiert somit auch unabhängig von einem Objekt. Wir tun uns mit dem Bewusstsein so schwer, weil wir es nicht greifen können. Es hat weder Form noch Farbe. Es ist klar und rein. Es ist unsterblich. Es ist. Gleichzeitig ist es transparent, veränderlich und lebendig. Entspannen wir uns in diesen offenen, transparenten Raum des Bewusstseins hinein, dann können wir der buddhistischen Psychologie zufolge das erleben, was als „der klare offene Himmel des Gewahrseins" bezeichnet wird. Auf Grund seiner Transparenz und Klarheit ist er leer wie der Raum, aber im Gegensatz zum Raum besitzt er die Fähigkeit, wahrzunehmen und Erfahrungen zu machen. Jack Kornfield bezeichnet es folgendermaßen, dass das Bewusstsein eben diese Qualität des

Erfahrens – klar, offen, wach, ohne Farbe oder Form, alle Dinge umfassend und doch nicht von ihnen begrenzt – hat und als unbegrenzt beschrieben wird.[44] Im Buddhismus wird dieses reine Bewusstsein auch gerne mit dem Horizont verglichen.

Der Blick in den Spiegel

Lichthaft ist das Bewusstsein,
voll Klarheit und Strahlen seine Natur,
doch es wird verdunkelt von den Anhaftungen,
die darin entstehen.
– ANGUTTARA NIKAYA –

ÜBUNG: **V**ersuchen Sie beim Blick in den Spiegel nicht nur einen oberflächlichen Blick auf sich selbst zu werfen. Fragen Sie sich: Wer schaut in den Spiegel? Versuchen Sie mit dem reinen Bewusstsein in sich in Kontakt zu kommen. Es ist jener Teil, der nicht altert und nicht stirbt.

In der buddhistischen Psychologie wird das reine Bewusstsein, das gerne auch als die Buddhanatur bezeichnet wird, als das beschrieben, was die Erfahrung macht. Was genau damit gemeint ist, erfahren Sie, wenn Sie die Übung mit dem Spiegel machen. Etwas in Ihnen schaut seit Anbeginn des Seins auf die gleiche Weise in den Spiegel. Vollkommen unberührt davon, dass Ihr Körper einen Alterungsprozess durchlebt, und vollkommen unbeeindruckt von biografischen Erfahrungen. Diese sind an das lineare Erleben von Raum und Zeit gebunden, während das reine Bewusstsein vollkommen frei davon ist. Normalerweise aber sind wir uns des Bewusstseins selbst gar nicht bewusst. Es ist so selbstverständlich für uns wie die Luft, die wir atmen, die immer da ist, die wir aber nicht sehen und ohne die wir auch nicht leben könnten. Wir konzentrieren uns auch fälschlicherweise immer auf die Inhalte unseres Bewusstseins, sprich auf unsere Gedanken, Gefühle und Körperempfindungen, und halten dies für unsere wirkliche und letzte Realität.

Richten Sie Ihre Aufmerksamkeit weg von den Inhalten hin zum Raum des Bewusstseins. Dann werden Sie die Erfahrung machen, dass Sie all diese Erfahrungen zwar machen, sie aber vergänglich und nicht Ihre letzte Wirklichkeit sind. Sie werden feststellen, dass sich dann etwas Wesentliches verändert: Sie werden aufhören, so lange und so viel zu leiden! Sie werden frei, weil Sie die Weite Ihres Bewusstseins erfahren und erleben, dass es unendlich viel mehr gibt als die Fixierung auf Ihr Ich-Erleben.

Versuchen Sie immer wieder, Ihr eigenes Bewusstsein zu beobachten, ohne sich in die jeweilige Erfahrung verwickeln zu lassen. Alles, was es braucht, ist Ihre Achtsamkeit. Richten Sie Ihre Aufmerksamkeit immer wieder weg von den Inhalten der einzelnen Erfahrungen, Ihrer Gedanken und Gefühle. Lenken Sie Ihre Aufmerksamkeit auf das, was in Ihnen passiert, und untersuchen Sie, wie Ihr Geist arbeitet, worauf er reagiert und was in Ihnen vorgeht, sobald Sie Ihre Aufmerksamkeit weg von den Inhalten der Erfahrungen hin zum Bewusstsein selbst richten.

Die Quelle des Bewusstseins finden

Entwickle einen Geist,
der so offen ist wie der Raum,
in dem die angenehmen und unangenehmen Erfahrungen
entstehen und vergehen können,
ohne Konflikte oder Leid hervorzurufen.
Verweile in diesem Geist wie im weiten Himmel.
– MAJJHIMA NIKAYA –

ÜBUNG: **G**ehen Sie heute bei der Meditation mit Ihrer Aufmerksamkeit weg von den Inhalten Ihres Bewusstseins, hin zum Bewusstsein selbst. Hat es eine bestimmte Farbe oder Form? Seien Sie offen. Nehmen Sie achtsam wahr, was passiert, wenn Sie sich nicht auf die Inhalte des Bewusstseins beziehen.

Versuchen Sie, in diesen offenen, transparenten Raum des Bewusstseins hinein zu entspannen. Dann werden Sie das erleben, was als „der klare offene Himmel des Gewahrseins" bezeichnet wird. Öffnen Sie sich für diese Erfahrung, ohne sie mit dem Verstand erfassen zu wollen. Öffnen Sie sich einfach für das in Ihnen, was transparent und klar ist, leer wie der Raum, aber im Gegensatz zum Raum die Fähigkeit besitzt, wahrzunehmen und Erfahrungen zu machen.

Wenn Ihnen die Vorstellung eines klaren und offenen Raumes zu abstrakt ist, dann stellen Sie sich dieses reine Bewusstsein als einen Horizont vor. Genauso wie am Himmel Wolken entstehen, Unwetter geschehen und Stürme kommen und gehen, so bleibt der Himmel selbst aber vollkommen unberührt von den Wettererscheinungen. Er bleibt seiner Natur nach offen, unbegrenzt und ungetrübt von all dem, was sich in seiner Sphäre abspielt. Das reine Bewusstsein wird von all den Erscheinungen nicht berührt. Aus diesem Grund verwendet man im Buddhismus gerne den Spiegel als eine Metapher für das Bewusstsein. Ein Spiegel bleibt klar und rein, strahlend und hell, egal was sich darin spiegelt, ob hell oder dunkel, ob düster oder schön.

Die verschiedenen Dimensionen des Bewusstseins erleben

Der Geist ist wie ein Fernseher
mit Hunderten von Kanälen.
Welchen Kanal schalten Sie ein?
– THICH NHAT HANH –

ÜBUNG: Machen Sie sich heute in der Meditation bewusst, dass es sich bei Ihren Gefühlen, Gedanken und Körperempfindungen nur um Erscheinungen im Bewusstsein handelt, vergleichbar mit einem Radiosender. Was läuft gerade? Ein Drama? Eine Komödie? Sie können umschalten und einen anderen Sender wählen. Probieren Sie es einfach aus!

Nehmen Sie sich Zeit, Ihre Geisteszustände zu untersuchen. Nehmen Sie sich dafür einen Tag, an dem Sie Probleme haben. Nehmen Sie Ihre eigenen Geisteszustände wahr, ohne sich mit ihnen zu identifizieren. Ohne sie zu bewerten. Meistens treten mehrere unheilvolle Geisteszustände gleichzeitig auf. Wenn Sie sich zum Beispiel um Ihre Zukunft Gedanken machen, dann können Zustände auftreten wie: Sorge, Angst, Zweifel oder auch Verwirrung, Ruhelosigkeit oder eine falsche Wahrnehmung der Zukunft. Nehmen Sie sich heute vor, Ihren Geist achtsam, wach und wertfrei zu beobachten – ohne sich mit den Geisteszuständen zu identifizieren. Nehmen Sie einfach wahr, was gerade passiert. Wie lange dauert Ihr Gefühl von Sorge, Ärger oder Zweifel? Wann fangen Sie an, sich in diesem Zustand zu verstricken? Was hilft Ihnen, sich daraus zu befreien? Wenn Ihnen Einsichten kommen, sind Sie bereits dabei, sich aus dem Würgegriff der unheilsamen Geisteszustände zu befreien.

Nehmen Sie für einen anderen Tag Ihre heilsamen Geisteszustände ins Visier. Fühlen Sie sich besonders ausgeglichen, gut gelaunt, freudig, weise oder liebevoll? Welche Zustände herrschen vor? Wie lange dauern sie an? Wodurch werden sie ausgelöst? Wann vergehen sie wieder? Woran halten Sie besonders fest?

Machen Sie sich Notizen und nehmen Sie wahr, an welchen Zuständen – egal ob unheilvoll oder heilvoll – Sie besonders festhalten.

Machen Sie sich bewusst, wie sich die Zustände auf Sie auswirken. Was verändert sich, wenn Sie Ihre Aufmerksamkeit weg von den Inhalten hin zum reinen Bewusstsein lenken?

Seien Sie neugierig und untersuchen Sie die Zustände. Es gibt nicht nur Schwarz-Weiß, sondern insgesamt 121 Zustände! Versuchen Sie, sich der Natur Ihrer Zustände bewusst zu werden und sie zu beschreiben.

Wenn Sie die Übung vertiefen möchten, dann stellen Sie sich vor, dass Ihr Bewusstsein ein Fernseher ist und verschiedene Kanäle hat. Stellen Sie sich vor, dass Sie 121 Kanäle haben. Benennen Sie Ihre Kanäle. Was läuft gerade? Haben Sie keine Lust mehr auf den Film, der gerade läuft? Dann schalten Sie doch um. Sie können jederzeit einen anderen Zustand wählen. Sie haben die Wahl! Wiederholen Sie die Praxis.

Den Edlen Kern erkennen

Der Edle Kern ist unsere innere Zuflucht,
unsere Kraftquelle,
die leider im Laufe unseres Erwachsenwerdens
kleine oder auch größere Panzerschalen erhalten hat.
– MATTHIAS ENNENBACH –

ÜBUNG: **N**ehmen Sie sich über den Tag verteilt immer wieder Zeit, um mit Ihrem inneren Edlen Kern in Verbindung zu kommen. Jenem Teil, der unverletzlich ist, unsterblich ist. Machen Sie sich bewusst, dass Sie weitaus mehr sind als der Teil, der verletzlich, eifersüchtig, neidisch, oder traurig ist.

Wenn Ihnen die Vorstellung von reinem, klarem Bewusstsein zu abstrakt ist, dann stellen Sie sich vor, dass Sie einen inneren Edlen Kern besitzen. Er ist unsterblich. Er ist unverletzlich. Normalerweise wissen wir nicht um ihn, weil wir so sehr mit unserem Ich, unserer Rolle als Mann, Frau, Manager, Lehrer etc. und den daraus entstehenden Körperempfindungen, Gedanken und Gefühlen identifiziert sind. Aber nicht nur das. Meistens sind wir tendenziell mit unseren Schattenseiten identifiziert. Wir glauben eher an das Schlechte in uns als an das Gute. Wir glauben, dass wir nicht liebenswert oder nicht gut genug sind. Oder aber wir sind so sehr von unserem Ich überzeugt, dass es sich uns in den Weg stellt und den Blick verstellt für das, was hinter dem äußerlichen Erfolg, einer Fassade etc. liegt. Deshalb ist es das wichtigste Ziel der buddhistischen Psychologie, die Menschen dazu zu bewegen, einen Blick hinter die Identifikation mit dem Ich, hinter die Schutzschicht aus Verletzungen und Rollen zu werfen. Gelingt uns dies, uns auch nur einen Moment dafür zu öffnen, dann können wir in Kontakt kommen mit unserer ursprünglichen Buddhanatur, unserer ursprünglichen Güte. In einem solchen Moment erfahren wir, wer wir wirklich sind. Meistens verstellt unser Verstand aber bereits kurz darauf den Blick auf unser wahres Wesen. Dann richten wir unseren Fokus wieder auf unseren Schutzpanzer aus Angst, Furcht,

Ablehnung, Depression, Verwirrung, Wut, Stress und vergessen wieder, wer wir sind.

Weiten Sie Ihren Blick und erinnern Sie sich an Ihren inneren Edlen Kern. Sie brauchen ihn nur freizulegen. So, wie es in der folgenden Geschichte passiert.

Michelangelo war ein begnadeter Künstler und Bildhauer. Eines Tages ging er in Florenz spazieren und kam an einem Geschäft für Steinblöcke vorbei. Er schaute sich die Steinblöcke auf dem Hof an und entschied sich für einen bestimmten. „Diesen Block will ich kaufen." Der Marmorhändler erwiderte: „Dieser Block ist nicht gut. Er hat zu viel Maserung. Den kann ich nicht empfehlen." Michelangelo bestand aber darauf. „Nein, genau den will ich haben! Ich komme hinterher vorbei und zeige dir, was daraus geworden ist." Aus diesem Marmorblock schuf Michelangelo die Pietà, jene wunderschöne Skulptur, die heute im Petersdom in Rom steht. Sie zeigt Mutter Maria mit dem toten Jesus auf den Armen. Ein unglaubliches Kunstwerk, vor dem man einfach vollkommen berührt steht. Michelangelo zeigte die Pietà dem Steinhändler, der überrascht fragte: „Aus diesem Block hast du sie gemacht?" Michelangelo erwiderte dem Steinmetz: „Nein, ich habe sie nicht gemacht. Sie war die ganze Zeit schon darin. Ich habe nur alles entfernt, was nicht dazu gehörte."[45]

Auch in Ihnen ist die Pietà, ein Edler Kern. Dafür brauchen Sie nichts Besonderes zu leisten. Nichts zu vollbringen! Das Einzige, was es dazu braucht, ist, dass Sie den Blick weg vom Leid, all Ihren tiefsitzenden Ängsten, Zweifeln und Sorgen richten, hin zu Ihrem Edlen Kern. Dass dies möglich ist, hat der Buddha uns vorgelebt. Er selbst hat es erfahren und an seine Schüler weitergegeben: „Wenn es nicht möglich wäre, das Herz von der Befleckung durch leidvolle Zustände frei zu machen", sprach der Buddha, „würde ich Euch nicht lehren, eben das zu tun. Doch weil es möglich ist, erteile ich diese Lehren."[46]

ANHANG

Literatur

Ayya, Khema: *Die Ewigkeit ist jetzt – Buddhas Lehre lebensnah erfahren und inneren Frieden finden.* O.W. Barth Verlag, 1998

Bays, Jan Chozen: *Achtsam durch den Tag – 53 federleichte Übungen zur Schulung der Achtsamkeit.* Windpferd Verlag, 2012

Baraz, James; Shoshona, Alexander: *Freude.* Nymphenburger Verlag, 2010

Batchelor, Martine: *Innere Grenzen sprengen – Verhaltensmuster verändern und Gewohnheiten loslassen.* MensSana, 2009

Batchelor, Martine: *Meditation.* Arbor Verlag, 2003

Chödrön, Pema: *Geh an die Orte, die du fürchtest.* Arbor Verlag, 2001

Dalai Lama: *Zuflucht zur Geduld. Worte für alle Tage.* Diederichs Verlag, 2009

Dalai Lama: *Glücksregeln für eine verunsicherte Welt.* Herder Verlag, 2011

Dahlke, Rüdiger: *Das Geheimnis des Loslassens. Ballast abwerfen und inneren Reichtum gewinnen.* GU Verlag, 2013

Ennenbach, Matthias: *Praxisbuch Buddhistische Psychotherapie. Konkrete Behandlungsmethoden und Anleitung zur Selbsthilfe.* Windpferd, 2012

Ennenbach, Matthias: *Buddhistische Psychotherapie. Ein Leitfaden für heilsame Veränderungen.* Windpferd Verlag, 2010

Hanson, Rick und Mendius, Richard: *Das Gehirn eines Buddha. Die angewandte Neurowissenschaft von Glück, Liebe und Weisheit.* Arbor Verlag, 2011

Hanson, Dr. phil. Rick und Mendius, Dr. Richard: *Meditationen um das Gehirn zu verändern. Wie wir unsere Nervenbahnen neu verdrahten.* Windpferd, 2009

Hanson, Rick: *Just 1 Thing. So entwickeln Sie das Gehirn eines Buddha.* Arbor Verlag, 2012

Han Shan: *Wer loslässt, hat zwei Hände frei.* Bastei Lübbe, 2011

Han Shan: *Achtsamkeit. Die höchste Form des Selbstmanagement.* Trinity, 2012

Iding, Doris: *Der kleine Achtsamkeitscoach.* GU Verlag, 2012,

Iding, Doris: *Alles ist Yoga. Weisheitsgeschichten aus dem Yoga.* Schirner Verlag, 2015

Iding, Doris: *Die Angst, der Buddha und ich.* Nymphenburger Verlag, 2013

Iding, Doris: *Die heilende Kraft des bewussten Atmens.* Knaur, 2004

Kabat-Zinn, Jon: *Die heilende Kraft der Achtsamkeit* [Audiobook]. Arbor Verlag, 2009

Kabat-Zinn, Jon: *Achtsamkeit und Meditation im täglichen Leben* [Audiobook]. Arbor Verlag, 2007

Kabat-Zinn, Jon: *Zur Besinnung kommen: Die Weisheit der Sinne und der Sinn der Achtsamkeit in einer aus den Fugen geratenen Welt.* Arbor Verlag, 2009

Kornfield, Jack: *Nach der Erleuchtung Wäsche waschen und Kartoffeln schälen: Wie spirituelle Erfahrung das Leben verändert.* Kösel Verlag, 2010

Kornfield, Jack: *Das weise Herz – Die universellen Prinzipien buddhistischer Psychologie.* Arkana Verlag, 2008

Kornfield, Jack: *Frag den Buddha und geh den Weg des Herzens.* Kösel Verlag, 2009

Maharshi, Ramana: *Gespräche des Weisen vom Berge Arunachala.* Ansanta Verlag, 1984

Mannschatz, Marie: *Mit Buddha zu innerer Balance* (mit Audio-CD) – *Wie Sie aus der Achterbahn der Gefühle aussteigen.* GU, 2011

Ray, A. Reginald: *Die Intelligenz des Körpers. Buddhistisch inspirierte Körperarbeit als Schlüssel zur Heilung und Selbstverwirklichung.* Windpferd, 2010

Richard, Ursula: *Die drei Pfeiler des Glücks. Achtsamkeit, Freude, Dankbarkeit.* MensSana, 2010

Ricard, Matthieu: *Glück.* Dtv, 200

Rosenberg, Larry: *Mit jedem Atemzug: Buddhas Weg zu Achtsamkeit und Einsicht.* Arbor Verlag, 2002

Salzberg, Sharon: *Entdecke die Kraft der Meditation. Das 28-Tage-Programm.* Lotos Verlag, 2011

Smith, Rodney: *Frei von Selbsttäuschung. Der buddhistische Weg aus der Ego-Falle.* Windpferd Verlag, 2011

Thich Nhat Hanh: *Kein Werden, kein Vergehen. Buddhistische Weisheit für ein Leben ohne Angst.* MensSana, 2008

Thich Nhat Hanh: *Das Herz von Buddhas Lehre. Leiden verwandeln – die Praxis des glücklichen Lebens.* Herder/spektrum Freiburg, 1998

Thich Nhat Hanh: *Der Buddha sagt. Seine wichtigsten Lehrreden.* Theseus Verlag, 2003

Tolle, Eckhart: *Jetzt! Die Kraft der Gegenwart.* J. Kamphausen, 2010

Anmerkungen

1   Vgl. Karuna Gayton: Mit dem Geist eines Buddha, S. 13

2   Doris Iding: Die Angst, der Buddha und ich, S. 94

3   Doris Iding: Der kleine Achtsamkeitscoach, S. 28

4   Doris Iding: Der kleine Achtsamkeitscoach, S. 18

5   Vgl. Doris Iding: Alles ist Yoga, S. 38

6   Jan Chozen Bays: Achtsam durch den Tag. 53 feder-
    leichte Übungen, S. 98

7   Dalai Lama: Zuflucht zur Geduld. Worte für alle Tage,
    S. 174

8   Mark Williams, Meditation im Alltag, S. 180

9   Übung nach Marietta Till

10 Mark Williams: Meditation im Alltag, S. 180

11 Jan Chozen Bays: Achtsam durch den Tag, S. 166

12 Rick Hanson: Just 1 thing, S. 114

13 Jack Kornfield: Das weise Herz, S. 51

14 Rick Hanson: Just 1 thing, S. 104

15 Psychologie heute, Heft 33, 2013, Schluss mit dem vie-
    len Denken!, S. 73

16 Marie Mannschatz: Mit Buddha zu innerer Balance,
    S. 70

17 Rick Hanson: Just 1 thing, S. 31

18 Rick Hasnon, Just 1 thing, S. 131

19 Matthieu Ricard: Glück, S. 97

20 Ayya Khema: Die Ewigkeit ist jetzt, S. 135ff.

21 Rick Hanson: Just 1 thing, S. 35

22 Matthieu Ricard: Glück, S. 32

23 Matthieu Ricard: Glück, S. 59

24 Matthieu Ricard, Glück, S. 286

25 E. Diener and M.E.P. Seligmann: „Very happy People",
    Psychological License 13 (2002), S. 81 84

26 Matthieu Ricard, S. 287

27 Dalai Lama: Zuflucht zur Geduld, S. 75

28 Diese Vier Tugenden werden ganz unterschiedlich übersetzt. Thich Nhat Hanh zum Beispiel bezeichnet sie als die Vier Unermesslichen. Master Han Shan nennt sie die Vier Noblen Tugenden. Auch die einzelnen Tugenden werden unterschiedlich benannt. Ich habe jeweils mehrere Begriffe angeführt, damit sich der Leser raussuchen kann, welcher ihn persönlich anspricht.

29 Siehe Anm. 28

30 Thich Nhat Hanh: Old path white clouds

31 Han Shan: Achtsamkeit: Die höchste Form des Selbstmanagements, S. 129

32 Martine Batchelor: Innere Grenzen sprengen, S. 185

33 James Baraz: Freude, S. 362

34 Dalai Lama: Glücksregeln für eine verunsicherte Welt

35 Martine Batchelor: Innere Grenzen sprengen, S. 186

36 James Baraz: Freude, S. 364

37 Rick Hanson: Just 1 thing, S. 303 (Literaturhinweis auf Neff 2009)

38 James Baraz: Freude, S. 361

39 Ayya Khema: Die Ewigkeit ist jetzt. S. 23

40 Rick Hanson: Just one thing, S. 180

41 Jack Kornfield: Das weise Herz, S. 57

42 Jack Kornfield: Das weise Herz, S. 64

43 Jack Kornfield: Das weise Herz, S. 59

44 Jack Kornfield: Das weise Herz, S. 62

45 Vgl. Pyar Troll: Poesie der Stille, Tanz des Lebens, S. 14

46 Jack Kornfield: Das weise Herz, S. 30

Informationen zur Autorin

© privat

Studium der Ethnologie, Religionswissenschaft und Psychologie (Ethnologin M.A.) mit Schwerpunkt Integration östlicher Heilverfahren in den Westen und bewusstseinsverändernde Techniken.

Doris Iding lebt und arbeitet in München als freie Journalistin und Autorin, Seminarleiterin, Coach, Dozentin bei Yogalehrerausbildungen zum Thema Yogaphilosophie. Ihr besonderes Interesse liegt in der Vermittlung eines neuen Bewusstseins. Ihre Bücher wurden in 14 Sprachen übersetzt.

Sie geht immer der Frage nach: „Wie können wir spirituelle Erfahrungen zum Wohle aller Wesen in den Alltag integrieren?"

www.doris-iding.de · info@doris-iding.de

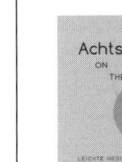
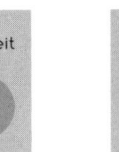
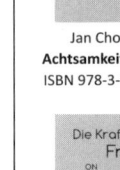
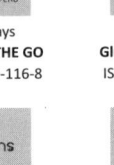